父母的教育决定孩子的未来

李　娟　编著

新疆生产建设兵团出版社

图书在版编目(CIP)数据

父母的教育决定孩子的未来 / 李娟编著.—五家渠：新疆生产建设兵团出版社，2012.5

ISBN 978-7-80756-409-6

Ⅰ.①父… Ⅱ.①李… Ⅲ.①家庭教育 Ⅳ.①G78

中国版本图书馆 CIP 数据核字(2012)第 068907 号

父母的教育决定孩子的未来

出版发行　新疆生产建设兵团出版社
地　　址　新疆五家渠市迎宾路 619 号　邮编：831300
电　　话　0994—5677178　5677187
电　　邮　xjbtcbs@163.com
网　　址　http://www.btcbs.com
传　　真　0994—5677519
印　　刷　北京兴湘印务有限公司
开　　本　710×960mm　1/16
印　　张　15
字　　数　169 千字
版　　次　2012 年 5 月第 1 版
印　　次　2012 年 5 月第 1 次印刷
书　　号　ISBN 978-7-80756-409-6
定　　价　28.5 元

新疆生产建设兵团出版社市场部总经销
联系人：闫斌　电话：0991-8817879　13609994516

目录
Contents

目录
Contents

目录
Contents

目录
Contents

第一章
教育习惯造就教育能力

一、习惯

习惯是积久养成的生活方式，是指从环境中成长出来的、以相同的方式，一而再，再而三地从事相同的事情，不断重复、不断思考同样的事情。而且，当习惯一旦养成之后，它就像在模型中硬化了的水泥块，很难打破了。人们常说习惯形成性格，性格决定命运，习惯若不是最好的仆人，就是最差的主人。

（一）基本概念

1. 常常接触某种新的情况而逐渐适应，习惯成自然；

2. 在长时期里逐渐养成的、一时不容易改变的行为、倾向或社会风尚。

3. 生活中相对稳定的部分。

4. 习惯的养成有如纺纱,一开始只是一条细细的丝线,随着我们不断地重复相同的行为,就好像在原来那条丝线上不断缠上一条又一条丝线,最后它便成了一条粗绳,把我们的思想和行为给缠得死死的。

5. 一条“心灵路径”。我们的行动已经在这条路上旅行多时,每经过它一次,就会使这条路更深一点。

(二)成功习惯的养成——实现目标的“黄金”步骤

1. 简单地说:“我需要很多很多的钱”是没有用的。你要在心里,确定你希望拥有的财富的具体数字。

2. 确确实实地决定:你将会付出什么努力与多少代价去换你所需要的成就。

3. 没有时间表,你的船永远不会到达彼岸。所以要规定一个固定的日期,一定要在这日期之前把你想要的钱赚到手。

4. 拟定一个实现你理想的可行计划,并马上进行。耽于幻想,而不去行动,目标就永远是空中阁楼。

5. 将以上四点清楚地写在纸上，不要仅仅依靠你的记忆力，而一定要体现为白纸黑字。

6. 每天大声朗读两次你的计划，比如在晚上睡觉以前，在早上起床之后。而且你朗读的时候，就想像自己已经看到或感觉到并深信已经拥有这些成就。

(三)怎样除掉不好习惯

要除掉旧习惯，最好的是培养新习惯、开辟新的心灵道路，并在上面行走及旅行。

培养好习惯只需要 21 天，习惯的养成，并非一朝一夕之事；而要想改正某种不良习惯，也常常需要一段时间。根据专家的研究发现，21 天以上的重复会形成习惯，85 天的重复会形成稳定的习惯。所以一个观念如果被别人或者是自己验证了 21 次以上，它一定会变成你的信念。

习惯的形成大致分成三个阶段：

第一个阶段是头 1 ~ 7 天左右，这个阶段的特征是“刻意，不自然”。你需要十分刻意地提醒自己去改变，而你也会觉得有些不自然，不舒服。

第二个阶段是 7 ~ 21 天左右，这一阶段的特征是“刻意，自然”，你已经觉得比较自然，比较舒服了，但是一不留意，你还会回复到从前，因此，你还需要刻意地提醒自己改变。

第三阶段是 21 ~ 85 天左右，这个阶段的特征是“不经意，自然”，其实这就是习惯，这一阶段被称为“习惯性的稳定期”。一旦跨入这个阶段，你就已经完成了自我改造，这个习惯已成为你生命中的一个有机组成部分之后，它会自然而然地不停为你“效劳”。

二、习惯的实验

良好习惯的养成对于一个人的发展至关重要。能力的发展建立在良好习惯的基础上，当有问题出现时，人们在寻找原因，寻找解决办法的过程中，往往容易忽略隐藏在最底层的习惯心理和潜意识的作用。

心理学家曾经做过这样一个试验：

第一次，他们把一只活的青蛙丢进一个水已沸腾的铁锅里，在生死一线的时刻，青蛙以超凡的速度跳出了铁锅，免去了被煮熟的恶运。

第二次，铁锅里放的是冷水，青蛙被放进去后，伸展四肢，在铁锅里游来游去，逍遥自在，心理学家给铁锅慢慢加温，水中的青蛙却浑然不知，当它感觉到浑身凝固，想奋力挣扎，早已失去了挣扎的力气。

这样的一个过程，令人不寒而栗，却常常发生在每个人身上，一点一滴的加温，却又无声无息令人毫无防备，总有一刻，量变达到了质变，犹如加在骆驼身上的最后一根稻草或者煮熟了那只青蛙的最后一股热量，悲剧就这样发生了，却很少有人意识到它一直存在。

每个人从出生开始，便接受着环境的熏陶，良好的环境与恶劣的环境，日复一日，年复一年，失去了最初的清醒与辨别。

这个逐渐渗透的过程，便形成了人生活中各种各样的习惯，生活的习惯、学习的习惯、思维的习惯、教育的习惯……每个人都逃不脱习惯的控制，于是心理学家们认为：习惯成性格，性格成命运。

习惯何其重要。

父母在习惯中进行自己的教育，孩子在父母的教育中形成自己的习惯,终于有一天,父母们再也无法忍受孩子身上的各种不良习惯,企图改变时,却往往难以贯彻下去,因为,他们改变的其实是两种习惯:自己的和孩子。

改变的过程是艰难的，不谛于那只想要从逐渐沸腾的铁锅里跳出的青蛙的艰难。

当一个人在大脑中有观念形成的时候，并不代表他就能成为了想象中的人,他必须把自己的观念转化成行动,只有将行动多次重复,才能形成习惯。国际上有一条衡量习惯形成的标准:一项习惯的养成需要二十一天连续不断的重复。

千万不能小看这二十一天。

二十一天中你要面对的敌人是无形而巨大的，可能是外界的干扰,也可能是来自自身的惰性。

三、建立自己的教育习惯

父母们大致需要从以下几个方面建立自己的教育习惯。

从孩子生活的重心——学习入手,通过在咨询中的统计发现,父母们需要面对最频繁的是以下几个问题：有关学习习惯和家庭作业，有关学习的注意力不集中，阅读习惯以及记忆力差等；有关学习中和同学、老师相处。正确处理孩子在学习中出现的问题，是家教中关键的关键。总的原则，通过培养在学习中的习惯来塑造孩子在做其他事情时的习惯，孩子在大脑中形成时间观念、自我控制、条理性、勇敢等习惯。

其次，从生活的角度来看，父母需要从以下几方面入手重建自己的习惯：个人生活，孩子的兴趣爱好，理财，交友，爱心，家庭决策等几个方面。总的原则是：给孩子合理的自主权和决策权，让整个过程中培养孩子的决策能力。

高楼大厦建立在重多支点上才稳固，人也一样，各支点发展平衡，人生才好稳定向前，家长切记要培养孩子习惯，以便它能本能一样自然而然在发挥作用。

如果说培养孩子的学习方面的习惯在于教孩子如何做事，培养孩子生活方面的习惯是基于教孩子如何做人，那第三个方面：建立亲子之间的良好关系则是前二者的平台，父母的教养方式，决定着他们在面对孩子的学习和生活水平的过程中所采取的教育态度，也因此，平台显得尤为重要。

不管是哪一种教育，最佳的结果应该是“不管孩子”。如一段话所言：

三等父母用大量的时候管孩子；

二等父母用少量的时间管孩子；

一等父母教会孩子自己管理自己。

而孩子能够自己管理自己的过程，也正是他各方面好的习惯形成的过程，当然最根本的是父母们教育习惯贯彻的过程。

第二章
孩子的学习习惯

一、学习习惯

学习习惯是在学习过程中经过反复练习形成并发展，成为一种个体需要的自动化学习行为方式。良好的学习习惯,有利于激发孩子学习的积极性和主动性；有利于形成学习策略，提高学习效率;有利于培养自主学习能力;有利于培养孩子的创新精神和创造能力,使孩子终身受益。

二、培养幼儿良好的学习习惯

(一)养成良好学习习惯的意义

1978 年,75 位诺贝尔奖获得者在巴黎聚会。有人问其中一位:

“你在哪所大学、哪所实验室里学到了你认为最重要的东西呢?”出人意料,这位白发苍苍的学者回答说:“是在幼儿园。”又问:“在幼儿园里学到了什么呢?” 学者答:“把自己的东西分一半给小伙伴们;不是自己的东西不要拿;东西要放整齐,饭前要洗手,午饭后要休息;做了错事要表示歉意;学习要多思考,要仔细观察大自然。从根本上说,我学到的全部东西就是这些。”这位学者的回答,代表了与会科学家的普遍看法。把科学家们的普遍看法概括起来,就是他们认为终生所学到的最主要的东西,是幼儿园老师给他们培养的良好习惯。习惯是行为的自动化,不需要特别的意志努力,不需要别人的监控,在什么情况下就按什么规则去行动。习惯一旦养成,就会成为支配人生的一种力量。

培养幼儿良好的学习习惯是幼儿今后入小学学习过程中重要的一个条件。叶圣陶先生说过:“好习惯养成了,一辈子受用;坏习惯养成了,一辈子吃它的亏,想改也不容易。”习惯伴随着人的一生,影响人的生活方式和个人成长的道路。习惯对人极为重要,从某种意义上说,“习惯是人生最大的指导”。叶圣陶先生还说过:“教育就是培养习惯。”幼儿良好学习习惯的形成要有一个过程,是循序渐进的,要求得由低到高,逐步积累,逐渐定型。幼儿良好学习习惯在形成过程中常出现反复,他们的习惯起伏变化,表现不稳定。

习惯是在人的生活、学习过程中逐渐形成的。影响幼儿良好学习习惯形成的因素是多方面的,有来自家庭的,也有来自幼儿园、幼儿自身的,它们通过不同的方式综合影响着幼儿的良好学 Q 习习惯的养成。

(二)应该着力养成的良好学习习惯

了解了良好的学习习惯对人生的意义与作用以后,很有必要搞清楚应该着力养成哪些良好的学习习惯。为此,这里介绍几种良好的学习习惯,家长都要积极了解,以便于在家庭中教育、培养。

喜欢学习,对学习活动有兴趣,能集中注意力专注地从事某一项活动;有正确的读、写、坐和握笔的姿势,读书写字时眼睛与书本保持一定距离,并且不侧弯和趴在桌上;会按照一定要求去翻阅图书,能爱护读书文具,不撕坏、涂抹图书和拆弄玩具,会整理这些用品。

这里还可以分一下:

1. 一心向学的习惯

一心向学的习惯,是所有学习习惯中最重要的习惯。具有一心向学习惯的人,能够充分地利用时间。这种人,在看书看报看电视乃至做一切事情时,都能把注意力的"光圈"调到与学习相关的"目标"上去;能够利用所有的闲暇时间直接或间接地做与学习相关的事。教育改革家魏书生老师曾经讲述过一段他亲身感受的故事:在机场候机室里,广播里传出了飞机因故迟飞两小时的消息。一般乘客心急如焚,怨声叠起;而魏老师则心静如水,同平时在办公室里一样,利用这两个小时构思文章。有一心向学习惯的人,通过这种日积月累,时间转化成了知识,知识转化成了智慧,逐渐形成了优势。

具有一心向学习惯的人,最能调动潜意识的作用。科学家巴斯德说"机遇只偏爱有准备的头脑",一心向学的头脑便是有准备的头脑。同样是水壶,普通人烧出的是开水,而瓦特却烧出了蒸汽机;同样是手被草叶子拉破了,普通人只会想到埋怨草的无情和自己的粗心,而鲁班却想到了发明锯;同样是看到苹果从树上掉下来,果农见了只感到心疼,而牛顿却由此发现了万有引力定律。造成这种差别的根本原因是什么?答案只有一个:就是因为瓦特、鲁班、牛顿平时一心向学。所以,这些自然界的微弱刺激便激起他们灵感的火花。

2. 专心致志的学习习惯

专心致志的学习习惯,是学子必须养成的起码的学习习惯。大家一定都听说过《小猫钓鱼》的故事吧。与这个故事的寓意相同的还有中国古代"一手画圆,一手画方"的说法。旨在告诉人们学习时不可一心二用。

心理学上曾有人做过对比研究：请来两组知识能力大致相同的学生，让第一组的同学边听故事边做简单的加法习题，而第二组也做同样的两件事，但是两项内容分开进行。同样的时间后，检查加法题的成绩，并请每个人复述听过的故事。结果是：第一组习题与复述的错误率都明显高于第二组。由此看来，一般人不可能同时高质量地做好两项或两项以上的事情。如果硬要同时做，必然使每件事的质量都有所降低。不信你可以当场实验：左手右手各拿一支笔，一手画圆儿，一手画方，双管齐下。其结果必然是圆也不圆，方也不方。古语"目不能两视而明，耳不能两听而聪"，说的就是这个道理。

生活中确实也能找到一些一心二用的例子，比如：老师能一边讲课一边观察学生，司机能一边开车一边哼小曲，家庭主妇能一边看电视一边织毛衣，摇滚歌星能一边唱歌一边跳舞，农民能一边铲地一边说笑话等等。这在心理学中叫做注意的分配。注意的分配不是任何人、任何时候都能做到的。这要求一些条件，其中最重要的是：同时进行的两项或多项活动，一般都是比较熟悉的，最多只能有一项是不十分熟悉的，而其他与之同时进行的活动要达到几乎自动化的程度才行。仔细分析一下上面所举的五个例子，无一不属

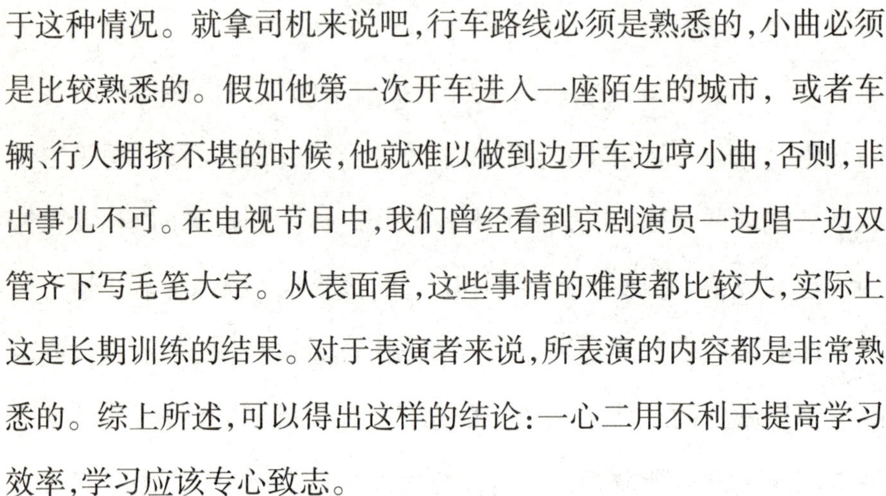

于这种情况。就拿司机来说吧，行车路线必须是熟悉的，小曲必须是比较熟悉的。假如他第一次开车进入一座陌生的城市，或者车辆、行人拥挤不堪的时候，他就难以做到边开车边哼小曲，否则，非出事儿不可。在电视节目中，我们曾经看到京剧演员一边唱一边双管齐下写毛笔大字。从表面看，这些事情的难度都比较大，实际上这是长期训练的结果。对于表演者来说，所表演的内容都是非常熟悉的。综上所述，可以得出这样的结论：一心二用不利于提高学习效率，学习应该专心致志。

3. 认真思考的学习习惯

认真思考的学习习惯，有利于提高学习质量，有利于培养人的能力，尤其是有利于增强人的发现、发明和创造能力。认真思考的学习习惯，是学子比较高级的修养。

养成认真思考的学习习惯，至少有以下三个方面的好处：

第一个方面的好处是，可以加深对知识的理解和记忆。通过认真思考，可以把感性认识上升到理性，找出所学知识之间的相互联系，把散在的知识点连结成有机的整体，从总体上把握知识体系。

养成认真思考习惯的第二个方面好处是，可以防止“读死书”和“死读书”，不仅能鉴别和选择书籍，而且还能够死书活读。在读书时，不论是业务知识还是思想观点，都能批判地吸收，正确的予以肯定吸收,错误的加以否定扬弃。明代有一位医生给病人开了一服药,并关照说,在煎药时加一块“锡”。一位叫戴元礼的医生听了后狐疑顿起,赶去询问。那医生翻开书说:“书上是这样写的嘛!”戴仍疑云未消,找了很多书对照,发现“锡”乃“饧”字之误,前者为重金属,后者为糖。从而纠正了医学上的一大错误。可见,思考对于批判地吸收别人的东西是何等重要。

养成认真思考习惯的第三个方面好处是,通过思考可以不断解开疑团,激发灵感,从而有所发现,有所发明,有所创造。

(三)怎样养成良好的学习习惯

父母都希望自己的子女有良好的行为习惯,但事实上要做到却很不容易,虽然给孩子们讲了许多道理,“磨破了嘴皮”,但孩子却往往是前听后忘记,收效甚微。

那么,在培养幼儿养成良好行为上是否有一套方法呢?回答是肯定的。以下是一些有益的建议,供家长参考。

1. 观念先导

成人对幼儿教育的重视程度直接影响到幼儿是否会养成良好的行为习惯。成人重视与否,教育方法正确与否,首先是观念问题。幼儿的习惯养成需要成人重视,加以培养,但成人的认识上却存在着误区,具体表现为:或是重智育轻德育,以为智力可以代替一切;

或是缺乏理智的爱，对孩子宠爱有加、百依百顺；或是教育意识淡薄，认为“树大自然直”对孩子放任自流；或是“过度教育”，对孩子的教养态度和方式都超过一定的度。所有这些都是培养幼儿养成良好行为习惯的大敌。

所以，作为父母首先要更新观念，认识到健全的个性需要良好的行为习惯作为支撑点，培养好一个对社会有用的“人”比培养出一个对社会无用的“才”有意义得多，要把自己的孩子不仅看成是传宗接代的种子，更要看到他们是国家的后代，是实现国富民强的建设者与保卫者。孩子要成为有用之才，必须从小精心培养，而且不仅是关心他们身体、智力与能力的发展，更重要的是培养他们具有良好的品行，形成良好的个性品质和行为习惯。

2. 要使孩子有良好的学习习惯，首先要尊重幼儿的学习特点

幼儿的学习受兴趣和需求的直接驱动。幼儿的认识活动会受到兴趣和需求的直接影响，他们会以极大的热情积极主动地去探索和认识他们感兴趣、感到好奇和有需求的事物。要使幼儿成为主动的学习者，那就必须尊重幼儿的兴趣和需求。要善于将幼儿的兴趣和需求作为教育的生长点，支持和促进幼儿的学习活动。尽可能把期望幼儿学习的内容转化为幼儿的兴趣和需求，由此引

起并引导幼儿的学习活动。幼儿对世界的认识还是感性的、具体的、形象的，常常需要用动作来帮助思维，这就决定了他们的学习是以直接经验为基础的。他们必须通过人与物的相互作用，构建起真正内化的新的知识经验，形成幼儿期所独有的知识经验。如：对幼儿讲摩擦生电是极其枯燥而乏味的，但通过让幼儿自己动手实验，幼儿不但能很快知道摩擦生电的原理，而且比一般的说教记得更牢。然儿每个幼儿都有自己的学习进程。幼儿的发展总要经历一些阶段，但每个幼儿在发展的方向、起点、速度及最终达到的水平上都存在着差异。根据幼儿学习进程和学习方式的个体差异，因人施教，努力使每一个幼儿都能获得满足和成功。如：在欣赏散文"家是什么"中，要求能力强的幼儿不重复别人说过的词，对能力弱的幼儿要求能说说散文的大致内容。这样幼儿都能体验到成功感，从而对学习也会有兴趣。幼儿在认识事物、获取经验的过程中具有整体性，所以要将幼儿学习习惯的培养渗透于幼儿的一日生活之中，通过相互渗透来促进幼儿学习习惯的发展。

3. 其次要培养幼儿对学习的兴趣，兴趣是人们认识事物的内部驱动力

一是化平淡为神奇。适当给平淡的事情添上一些神秘的色彩，

比如在和孩子一起看书时采用一些启发性的语句,像“这是怎么回事呀?”“让我们来猜猜看”,来引发幼儿对学习的好奇心。二是对浅显的现象给予深度的揭示。孩子对常见的事物往往容易失去兴趣。此时若把这些事物背后的奥秘告诉幼儿，就会重新激发起他们学习的兴趣。如:幼儿对太阳的落山,天变黑的现象司空见惯,不当回事,可以告诉幼儿并不是太阳在我们头顶上走,而是地球绕着太阳走,幼儿对太阳、地球再次产生了新的认识兴趣。任何事物都有无穷的奥秘,我们要善于把握幼儿的心理,引导幼儿保持认识事物的兴趣。三是鼓励幼儿动手操作。实践是幼儿在学习过程中认识事物的最佳途径,而幼儿又大都喜欢动手操作,尽管尝试可能会失败,但幼儿对学习的兴趣则会长盛不衰，对学习的知识也会掌握得更多。动手操作能使幼儿的认识由表面趋向实质,从而激发更大的求知兴趣,促使幼儿更积极地参与学习活动,为养成幼儿良好的学习习惯打下坚实基础。

别忘了还要教给幼儿好的学习方法。教会幼儿学习提问,能培养幼儿乐于思索,敢于提出疑问的品质,还能让幼儿从中获取更多的知识经验。教幼儿提问,抓住契机,鼓励幼儿提问。如和幼儿一起看故事《金鸡冠的公鸡》,可启发幼儿从不同的角度提出问题,尤其是因果关系的问题“猫和喜鹊明明知道公鸡要上当,为什么每次都让公鸡看家”,“假如猫和喜鹊不来救公鸡,会怎么样”,从而使幼儿进一步明白了提问的方法,提高了提问水平。有些幼儿难以提出问题,往往是由于生活范围比较狭窄,知识经验不够丰富,事实上幼儿只有在获得一些知识经验,初步形成某些概念之后,才能提出问题。要努力让幼儿成为主动的实验者,去动手、去观察、去发现、去思考,家长只是适时地给予指导。如:“会变的颜色”,让幼儿先去观察颜色,然后让他们动手去尝试颜色是如何会变化的,并将自己的发现说出来,把自己存在的疑问提出来,再一起动手动脑去寻求答案。由于这些活动是让幼儿在自身活动中寻找答案的,因而有效地培养了幼儿对学习的兴趣,使幼儿乐于学习。

4. 实践训练

习惯,习惯,习了才会惯。同一个动作,同一件事情,只有做熟练,而且要反复做,才能养成习惯。法国作家大仲马说:“每一个重复的动作都有养成习惯的可能;重复的次数越多,动作也就越成熟。”毫无疑问,行为习惯的形成也来自于反复做,即反复的实践。如果家长在思想上重视了,而在行动上却没有耐心,那么培养孩子形成良好的行为习惯也将成为一句空话。人们知道:知识是基础,行为是关键,习惯是归宿。孩子由于年龄特点,往往会言行不一,许多孩子嘴上说得头头是道,行动上却难以做到,“知”、“行”严重脱

节。为此,父母必须加强对孩子行为的训练,创设孩子反复实践的机会,使孩子在日常生活、交往、游乐、劳动等活动中,进行学习技能、习惯的训练,获得“为何做”的认识,形成一系列的行为方式,并在实践生活中不断练习,反复强化,直至最后形成自动化的行为,养成一种自然的习惯。

5. 环境熏陶

每个人都处于一定的社会环境之中，时时受到环境的熏陶和感染,幼儿的行为方式都带有所处环境的烙印。“润物细无声”,良好的家庭教育环境有助于幼儿良好行为习惯的养成。

同样,父母努力创造和保持喜爱学习、乐于学习的家庭氛围,将会使孩子感到温暖愉快,情绪稳定,萌发孩子的学习积极性,这样孩子也一定会有较好的学习习惯。相反，如果家长自己整天打牌,你的孩子怎可能安心学习呢?

6. 榜样作用

幼儿时期的思维是具体形象的,他们最不喜欢说教。榜样是具体形象的,正符合幼儿的思维特点,所以它有强大的说服力和感染力。故事、儿歌、歌曲等等,作品中的艺术形象有着巨大的魅力,会深深打动孩子,这些艺术形象所塑造的榜样具有很大的感染力,孩子最爱模仿。他们会对孩子产生最直接、最具体的影响,会给孩子留下深刻的印象。家长应该懂得孩子的心理特点,在家中应经常给孩子讲一些具有传统美德的故事;念一些有助于陶冶孩子情操的诗歌、儿歌;唱一些有助于孩子良好性格形成的歌曲。

同样,幼儿又是好奇、好模仿的,模仿是他们学习的重要途径,而家长的良好行为习惯是他们学习的直接范例,为什么呢?家庭、教养机构和社会环境是影响幼儿成长的三大环境因素,但其中家庭又是对他们发展影响最大的环境因素。首先,血缘关系、亲子之情对孩子发展提供了最强烈的感情氛围,因而父母的教育影响最易感染幼儿。其次,父母与幼儿朝夕相处,关系密切,你们的言行无时无刻不在潜移默化地影响着孩子行为习惯的形成。所以,幼儿时期,家长在孩子的心目中是最具权威的人,是孩子最爱模仿的对象,父母的良好行为习惯将有效地影响着幼儿良好的行为习惯的形成。

7. 坚持不懈

培养孩子良好行为习惯,不能想起来要求一下,想不起来又听之任之,这需要家长有坚强的教育意志,立下规矩之后就应该要求孩子坚持这样做,经过日复一日的训练形成习惯。

孩子毕竟是孩子,自控能力不能像成人那样强,家长应该结合孩子的心理特点,严格要求,切忌在教育子女上情感失控,并找出

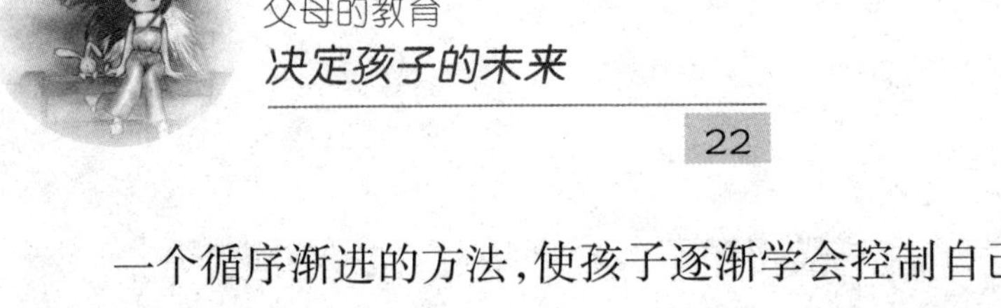

一个循序渐进的方法，使孩子逐渐学会控制自己，做事有恒心，不半途而废，这也是意志的培养，有坚强意志力的孩子以后遇到任何困难就会勇敢，不畏缩，这将为良好行为习惯的养成奠定强有力的基石。

"脚踩西瓜皮，滑到哪里是哪里"必是一事无成。作为家长一定要充分认识，只有持之以恒的要求、训练，下决心，甚至要下狠心，才能培养具有良好行为习惯的优秀孩子。"冰冻三尺，非一日之寒"，坚持不懈是取得成效的有利保证。

8. 要求一致

习惯的"惯"字，有一以贯之的意思，就是说，要求和标准不能走样。培养幼儿形成良好的行为习惯特别需要家长在教育上的配合一致。家长对孩子在教育上取得一致，意味着相同"信息"重复输入孩子的大脑，易于形成神经联系，促使习惯形成。如果要求不一致，孩子就会无所适从，逐渐养成钻空子的心理。而且不同方向的教育信息互相干扰，容易形成孩子的两面性等不良的性格特征。

当然，要实现要求一致，不是轻而易举的，家长应十分重视并努力去实现，可以订立一个约定，如果在对待孩子的态度和教育方式上发生分歧，决不要在孩子面前公开暴露矛盾，而要在事后交换意见,以求统一行动,这样的教育效果才会好。

纠正幼儿的不良行为习惯,家长可以遵循以下几条原则:

(1)灵活处理,忌墨守成规。

(2)设身处地,忌专横高压。

(3)恩威并重,忌言行偏颇。

(4)行为指导,忌唠叨啰嗦。

(5)鼓励为主,忌负面强加。

(6)宽严互渗,忌情感失控。

(7)坚定立场,忌迁就退让。

(8)具体明确,忌抽象模糊。

一个好习惯的形成肯定离不开家庭的教育。因为家庭教育同其它教育相比,亲和力、感染力更强。而且家庭教育对人的习惯的影响最早、最持久。因此习惯更容易在家庭中"遗传"传递。在家庭教育中最重要的是父母的所做所为。孩子的模仿能力很强,在家庭中,父母的表率作用很重要,父母的言谈举止,潜移默化地影响着孩子。一位家长曾说过:对孩子的教育可以简单到"从自身做起"这样一句话。但要做到、做好不是一件简单的事。制定规范,严格要求。在幼儿园幼儿有良好的学习习惯,可惜幼儿的好习惯到了家里似乎就"忘"了。原因就在于幼儿园有较严格的规范,有良好的激励机制。幼儿的习惯是具有不稳定的特点，但主要还在于家里家长没有制定严格的规范。家长对子女溺爱、娇宠，使之规定往往难以执行，而某项规定一旦破例，便会前功尽弃，良好的习惯再也难以形成了。要培养孩子的良好学习习惯，家长可以适当地运用表扬与批评、肯定与否定、奖励与处罚等强化手段。制定规范不能有例外。为了培养好习惯，必须始终不渝地坚持下去，直到好习惯在孩子身上根深蒂固。平时幼儿在家要培养他们学习认真的习惯，能独立完成老师布置的各种任务。有些家长面对幼儿园布置的任务不当回事，一味的任由孩子玩，说什么入小学自然会好。殊不知，一些习惯都是在幼儿园时期就形成了，到时要改也难，真是悔之晚已。在学习习惯养成的过程中，父母还要注重对孩子进行指导。指导对年龄越小的孩子就越重要。只告诉孩子应该做什么、不应该做什么是不够的，还必须告诉他们为什么要这样做，如何才能做的更好。

好习惯将伴随着人的一生，影响人的生活方式和个人成长的道路。习惯对人极为重要，从某种意义上说，“习惯是人生最大的指导，一个良好的学习习惯尤为重要”。形成良好的学习习惯是很不容易的，在形成过程中，常常有相反力量在作祟。我们要注意对幼儿学习习惯的指导，学习习惯的培养不只是说教，而要家园共同配合，不断地将良好的学习习惯转化为幼儿个人的需要、准则，并用来支配自己的行动，才能养成幼儿良好的学习习惯。英国有句谚语：行动养成习惯，习惯形成性格，性格决定命运。说的就是，要形成好习惯，贵在行动！就让我们的幼儿在学习、活动、一日生活的行动中养成良好的学习习惯吧。

三、父母的重要任务

学习习惯是一种比较巩固的动力定型，是一种推动学习进步的巨大力量。一个孩子养成了良好的学习习惯，那么他将一生受益无穷。

好的学习习惯，是学习活动顺利进行的保证。如果一个孩子没有养成良好的学习习惯，这个学生的学习是不可想像的，学习成绩也一定不会好。著名教育家叶圣陶说过："中小学的根本任务就是培养学生的习惯。"作为教师和家长的重要任务之一，就是要培养孩子良好的学习习惯，抑制和消除不良的学习习惯。

日本心理学家调查过从小学四年级到高中三年级学生的学习习惯，结果表明，学生随着年龄的增长，其学习习惯的得分并不增加。据此认为,学习习惯是在小学低年级就形成了,以后如果不给予特别的教育,形成的习惯难有多大改进。

那种认为“树大自然直”的观点是不正确的。一棵带有枝枝杈杈又弯弯曲曲的小树,长大能直吗?因此,尽早培养孩子良好的学习习惯是非常重要的。孩子年龄越小,越容易养成良好的学习习惯,形成的良好习惯也越容易巩固住。不良的学习习惯发现得越早,也越容易纠正。

孩子的不良习惯积累越多越不容易建立良好的习惯,因为任何习惯都是比较牢固的暂时神经联系,要想改变它,必须做出巨大的努力,花费很大的气力。例如,有的孩子形成上课不集中注意听讲的坏习惯,即使在教师的教诲下有了改正的决心,有时好了几天却又犯了。犯了又改,改了又犯,这需要长期的意志锻炼,有时这种改正的过程也是非常痛苦的。所以,那种认为小学低年级要让孩子放纵一些,到了高年级再来培养孩子学习习惯的做法是错误的。

学习习惯形成的标准一般有三条:一是动作的速度,指经过多次反复练习,组成学习习惯的一系列动作的敏捷性日益提高;二是动作的质量,指动作的精确性和协调性应该不断提高;三是学习者本身的体力消耗和脑力消耗要不断维持相对平衡。如果学生某种学习活动达到上面三条标准，说明他某种学习活动的习惯已经养成。

（一）学习习惯的形成是一个长期复杂的过程，这一过程的心理发展规律主要表现在以下四个方面：

1. 学习习惯的形成过程是由外部支配到内部控制的过程

小学低年级学生的学习习惯是在教师和家长的要求下或模仿他人情况下形成的。例如，小学低年级学生上课注意听讲、积极思考问题以及认真完成作业等学习习惯的形成，主要靠外力作用，很少出于内部自觉。到了小学高年级和中学，学生随着学习认识的提高，把老师和家长的要求转化为自己的内部动力，使学习习惯形成更趋于自觉性，表现在任何情况下，都能自觉地努力学习。

2. 学习习惯的形成过程是由简单到复杂的过程

孩子在小学低年级的学习习惯是具体的、简单易行的。例如，上课铃响立即进教室准备好上课的文具用品，安静地坐在自己的位置上等。这些都是小学低年级容易做到的。但到了小学高年级和中学，随着学习认识水平的提高，知识的不断增长，那些抽象的比较复杂难做的学习习惯也发展起来，例如，独立钻研问题的习惯、记好课堂笔记的习惯、应用系统学习方法的习惯等良好学习习惯

在学习活动中将日益得到巩固。

3. 学习习惯的形成过程是由不稳定到稳定的过程

孩子在小学低年级，由于年幼无知、缺乏自制力，一些良好的学习习惯是不稳定的。例如，语文课能认真听讲，但数学课听讲却不认真。而到了小学高年级和中学，在老师和家长的教育下，良好的学习习惯日益稳定，对各学科出现的疑难问题都能独立思考等等。

4. 学习习惯的形成过程是好习惯和坏习惯不断斗争的过程

不是好习惯代替坏习惯，就是坏习惯代替好习惯。教师和家长应根据孩子的年龄、个性特征，培养其良好的学习习惯，抑制和消除不良的学习习惯。克服坏习惯首先要使孩子认识到坏习惯的危害，树立克服坏习惯的信心和决心。其次是锻炼孩子与坏习惯斗争的意志力。意志在良好学习习惯形成中起着重要作用，孩子缺乏毅力，不能持之以恒，良好的学习习惯就难以形成。例如，有的孩子既想学习又想看电视，为培养放电视时自己能坚持学习的好习惯，就要以顽强的毅力抑制看电视的念头而坚持学习，经过多次反复，就能形成当别人看电视时自己仍能坚持学习的好习惯。在学习任务未完成时，再好的电视节目也不看，这种学习的专注习惯就是慢慢锻炼形成的。习惯具有稳定的一面，但不是固定不变的，只要运用适当的方法，锲而不舍，不良的学习习惯终会被克服。

（二）要使孩子养成良好的学习习惯，并不是轻而易举的，家长应在掌握学习习惯形成的过程与心理规律的基础上，做耐心细致的工作

1. 必须向孩子讲明养成良好习惯对学习的重要性，指出要养成这些良好的学习习惯，必须克服哪些毛病，让孩子心中有数，做起来能联系自己的实际情况并加以改之。

2. 要根据孩子的实际情况，逐步提出要求。良好的学习习惯既不能一朝一夕养成，也不能在短时间内一下子统统形成。要区分主次、难易，从孩子的实际出发，逐步提出具体的切实可行的要求，有计划地逐步扩展。

3. 要对学习方法作出具体的指导。为了使孩子养成良好的学习习惯，必须加以指导。例如，为了培养孩子阅读的习惯，开始时可以规定孩子每天必须读一篇三千至五千字的文学作品，随着时间的推移，孩子就会形成主动阅读的习惯。

4. 父母帮助孩子评估成果。让孩子学会评估自己习惯养成的成果，经常进行检查，必要时可以制定日程表，在每一个阶段之后，为孩子写一份鼓励性的评语。

四、学习是孩子自己的事

学习是孩子自己的事，家长本事再大也不能代替，(何况，家长的本事也是有限的，比如英语，很多时候家长就已经没有能力辅导他了。)最终还得靠他自己。父母所能做的，只能是激发出孩子的潜能，把他的热情调动起来，让他自己干劲十足地学。

孩子的学习态度受很多因素影响，当他还没有进入状态的时候，不要着急。孩子也是有自尊心、有上进心的，谁都不想落后，在状态不好的情况下，如果连大人都稳不起了，心烦意乱的，孩子就更是不知所措。状态的转变需要契机，也要有天时、地利、人和。也许有时候就仅仅是因为孩子年龄太小，那就耐心地等他长大，等他成熟一些了，状态自然会好转；也许有时是因为孩子不适合某个老师，老师也是人，都有自己的个性和方法，有的孩子适合，有的孩子不适合。目前的教育体制下，孩子还不可能选择老师，遇上谁就是谁，所以只能加强沟通，让老师多了解孩子，让孩子尽量去适应老师；也可能是家庭环境对孩子不利，家长或过于暴躁，或过于严格，或过于溺爱，以及家里过于喧闹等等，都会影响到孩子的状态。

在孩子学习不好的时候,家长更要有耐心,孩子越是怕学习,越不要逼他,把他仅有的一点自信都吓跑了。呵护孩子的学习兴趣就像呵护一棵幼苗一样,再大的树也是一寸一寸长起来的,急也没用,水浇得太多,反而会淹死。

孩子有他自己的生命力,尊重孩子,相信孩子,让他自己成长。

五、培养良好学习习惯的常见误区

所谓学习习惯是指在学习过程中逐渐养成的比较固定的自动化了的一种学习行为方式和动作的特殊倾向。学习习惯一旦形成,就难以改变,而且跟随于学习心理和学习行为,成为一种学习的需要。

学习习惯有好坏之别,凡是良好的学习习惯,可以以较少的时间和精力耗费,取得较高的学习效益,使人觉得学习活动顺利又愉悦。在家庭教育中培养孩子良好学习习惯,防止和消除不良学习习惯,关系到孩子一辈子学习的大事。

(一)目前有许多家长在培养孩子学习习惯方面,至少存在着

以下的五种弊病

1. 缺乏意识——患此“病”者大多文化素养不高，平时又不关注孩子的学习，错误地认为培养孩子学习习惯是学校教师的事。往往自顾工作或家务而不注意孩子学习习惯的好坏，忘情打牌或闲聊而不关心孩子作业，不安排孩子科学的作息时间，不创设适合孩子学习的环境条件，任让孩子在电视广播声中温习，即使孩子边玩边学习也熟视无睹。常此下去，难免使孩子养成不良的学习习惯。

2. 放任迁就——患此“病”者不是自身学习习惯不良，就是没有认识到从小培养孩子学习习惯的重要性，往往分不清学习习惯的好坏，不了解应该培养孩子哪些良好学习习惯，认为孩子小而迁就姑息，以致对孩子学习习惯放任自流，致使孩子书写习惯不对，学习三心二意，作业马虎拖拉等，影响孩子学习。

3. 虎头蛇尾——患此“病”者主要是在培养孩子学习习惯过程中缺乏耐心，不能持之以恒，着意培养孩子良好学习习惯或改正某一不良学习习惯并求之以切，管之以严，但往往一时心血来潮，毕其功于一役。事实上、养成或破除某种习惯绝非靠朝夕之功，也并非一天半日就能奏效的。于是乎“三天打鱼，两天晒网”，不时“蜻蜓点水”，结果忽紧忽松，虎头蛇尾，不了了之。

4. 包办代替——患此“病”者大多溺爱孩子，只求学习分数，往往对孩子宠爱放纵，使孩子任性、懒惰，依赖成性，自学、自律能力较差。有的家长包办削铅笔、理书包、包书皮等，有的家长甚至代查字典、做习题、解问题。“父母当陪读，爷爷奶奶老书童”，此类事例不胜枚举，这样怎么能养成孩子良好的学习习惯呢?

5. 方法不当——患此“病”者主要没有培养孩子良好学习习惯的方法，往往培养孩子良好习惯时，一味硬遏强加，破除孩子不良习惯时，生硬地禁、堵、卡，甚至训斥、吓唬、打骂、体罚，结果使孩子产生逆反心理，效果适得其反。有的家长不懂孩子小，注意力维持时间短的特点，苛逼孩子长时间学习，势必造成他边学边玩，形成不能集中注意力专心学习的坏习惯。有的家长为孩子购买高级笔盒和许多文具，容易造成孩子作业时玩文具分心的恶习。

（二）家长在培养子女学习习惯方面的弊病远不至上述五例，极需加以综合治疗

1. 必须从小、从细、从严抓起

习惯是逐渐养成的，不需要任何意志努力和监督的，自动化了的行为方式。培养孩子良好的学习习惯是家庭教育的重要任务。

著名教育家叶圣陶曾经强调指出：“什么是教育，简单一句

话，就是要养成良好习惯。”学习是孩子的主要任务。从小养成良好的学习习惯，使人终身受益。反之，坏的学习习惯使人一辈子遭罪。如今有不少人书写习惯不好，上了大学也竭力想练好书写，付出了很大代价依然收效甚微，其原因主要是已养成不良书写习惯，积习难改。孔子说：“少成若天性，习惯为之常。”不少家长只重视孩子学习成绩，忽视孩子学习习惯的培养，这无疑是“种瓜不力忙摘瓜”的做法。所以，家长应该充分认识培养孩子良好学习习惯的重要性。不少家长“从小、从细、从严”培养孩子学习习惯的经验，是值得提倡的。

(1)从小抓起——明末清初王船山说过“养其习于童蒙”。实践证明，学习习惯的形成始于儿童学习开始时期，年龄越小越易养成。例如书写习惯，就要从孩子刚刚学写字的握笔开始培养。

(2)从细抓起——重视孩子学习的细微末节，特别要注意矫正一些细小的错误动作和顺序。例如孩子做作业姿势，必须帮他达到“身体坐正，簿本放平，拿笔一寸、看书一尺，写字一拳(胸与桌相距)”的要求，丝毫不能马虎。

(3)从严抓起——培养孩子良好学习习惯必须从严要求，认真督促。例如孩子小，自制力差，往往以各种借口贪玩。然而家长要引导孩子必须完成当天作业才能去玩，态度坚决，说一不二。

2.坚持不懈地扬好抑坏,培养孩子良好的学习习惯

养成一个好学习习惯不容易,一经养成要坚持不懈地耐心引导,使之强化巩固,克服一个坏的学习习惯也很难,发现苗头要善于诱导,持之以恒地加以抑制,使之消除。

一般地说,家长要与学校教师密切配合,从孩子刚上学开始就要认真地持之以恒地培养孩子以下的学习习惯:

(1)正确书写的习惯,做到书写姿势正确,书写端正规范,字迹清楚秀美。

(2)定时集中注意力专心学习的习惯,做到定时温习功课,认真作业。在注意力维持时间内,专心致志,全神贯注学习,克服边玩边学、磨蹭懒散的坏习惯。

(3)按时独立完成作业的习惯,做到独立、主动、按时完成作业,决不抄袭或拖拉。

(4)养成课后复习和课前预习的习惯,做到先复习,再做作业,再预习,做好点、划、面(把重点、关键和不理解地方作好记号)。

(5)自我检查修改的习惯,做到做好作业后,自己自觉地进行复验检查,认真修改。

(6)广泛阅读健康有益书刊的习惯等。

3.注意以身示范,创设养成孩子良好学习习惯的情境条件

家长是孩子第一任教师。家长自身要消除不良的学习习惯,以良好的学习习惯起示范作用。与此同时,要在孩子上学以后,给孩子准备书桌或代替书桌的适合孩子学习的专用地方,为孩子安排科学的生活、学习作息时间表,创设有利于养成孩子良好学习习惯的氛围。例如孩子开始学习后,关掉电视机、收录机,家长不做分散孩子注意力的事务,更不要高谈阔论、打牌闲聊,也不要询问孩子在校情况,不干扰孩子学习。这样,容易促使孩子养成定时专心学习的好习惯。

4.加强与学校教师的联系,协同培养孩子良好的学习习惯

一般说来,学校教师不仅重视培养孩子的学习习惯,而且积累了科学的方法和一定的经验。家长要经常主动与学校教师联系、了解孩子在校的学习表现,反映在家的学习行为习惯,虚心接受教师指导,根据学校培养孩子学习习惯的要求,积极配合教师做好工作。一些家长"管好四块时间"培养孩子良好学习习惯的经验,是值得提倡的。具体地说:

(1)管好孩子早晨起身到上学的时间,督促孩子预习当天学习的课文,朗读或背书和外语单词,理好书包,准备上学;

(2)管好中午时间,督促孩子抽一定时间阅读有趣书刊;

(3)管好孩子下午放学到晚饭前的时间,督促孩子独立思考专心完成学校布置作业,正确书写,自我检查;

(4)管好孩子晚饭后休息活动直到睡觉前的时间,督促孩子复习和预习,并让其发展自己的兴趣或阅读课外书刊。

5.采取科学方法训练和激发孩子良好的学习习惯

(三)常见的科学训练和激发孩子良好学习习惯的方法

1. 故事法——例如讲述古今中外名人从小养成良好学习习惯的故事,树立榜样,激励孩子。

2. 对比法——用学习习惯优劣造成学习成绩差异事例比较来教育孩子。

3. 强化训练法——有的家长有计划地指导孩子练字,坚持先易后难、先简后繁、循序渐进的原则,进行“字无百日功,不可一日行”的训练。

4. 歌诀法——比如将一些学习习惯要求编成歌诀,要求孩子铭记不忘,然后在孩子学习过程中,提醒孩子按相应歌诀要求去做。

5. 合理奖励法——即对孩子养成某一好习惯或克服某一坏习惯的行为,进行适当的奖励。

六、家长如何培养孩子拥有良好的学习习惯

(一)当前部分孩子在课上和课外学习中存在的不良现象

1. 学习无序,注意力不集中,听着课,溜着号。写课外作业时边写边玩;

2. 写作业粗心大意、经常容易写错别字，或者算错步骤和结果;

3. 家长多次催促,孩子照旧拖拉、磨蹭;

4. 孩子不愿意写作业,更愿意玩儿;

5. 孩子读写困难,家长缺乏关注;

6. 部分孩子已经出现失去学习兴趣,甚至厌学的征兆。

(二)当前家长们在培养孩子养成良好的学习习惯中所面临的困难

1. 家长不懂何为习惯培养,缺乏相关知识;

2. 家长自身没有养成良好的习惯,自己做不到,无法要求孩子效仿;

3. 对于指导孩子进行习惯培养时情绪掌握不好，容易对孩子发火、甚至会打骂孩子；

4. 缺乏长期坚持的精神，往往是孩子没有放弃，家长却因为坚持不下来而放弃了；

5. 头痛医头，一谈到习惯培养，立刻着手去套用三步曲（以前在我的博客中曾经发表过《学习培养三步曲》，在本文后面第四部分同时奉上），结果发现孩子不听招呼，这缘于家长忽略了亲子沟通关系尚没有完全疏导畅通；

6. 家长急功近利的心态比较突出，总认为问题出现在孩子身上，与自己无关。事实上孩子身上体现出来的问题，大都是家长问题的集中暴露。只是家长缺乏这种折射效应的认识罢了。

（三）家长应该如何去理性培养孩子拥有良好的学习习惯

1. 家长要引导孩子明确学习与玩儿的关系。玩儿和学对孩子们来说同等重要。一个玩儿不好的孩子，肯定学习也没有激情。平时我们很多家长只关注孩子的学习，而忽略了孩子对玩儿的渴望，如果家长过度关注学习，一张嘴便是学啊学，时间久了，家长的话便会让孩子感觉到厌烦。很多家长忽略了让孩子明白一个道理：我为什么要学习？我在为谁学习？学习好了对我有什么好处？是啊，我们孩子明白学习是自己的事吗?不是为父母而学习吗?学习好了是不是可以证明自己是很优秀,很出色,很棒的孩子呢?我们家长平时是否激励过孩子做最好的自己呢?

2. 家长要帮助孩子建立科学用脑学习的意识。经常看到很多家长一让孩子课外学习时,便一古脑让孩子从头写到尾,有时孩子一写作业便一两个小时,甚至更长的时间。这样做是非常错误的,孩子为什么在学校每节课要40分钟呢?这主要是考虑到孩子们的注意力专注时间是有限的,如果孩子大脑疲劳了家长仍不让休息,孩子也只能边写作业边玩儿了,甚至会出现糊弄家长,你在身边我就装作很认真的样子,不在身边我就玩,反正一晚上我也没有其他的事可做的现象。对于小学一、二年级的孩子来说,注意力专注时间一般为20~35分钟,所以写作业的时间一般安排在35~40分钟,接着就要安排孩子做短暂的休息了,以利于缓解大脑的疲劳。

3. 家长要给孩子预留出自己可支配的时间。如果家长想提高孩子的写作业或者学习的积极性,必须要给孩子一个目标激励。比如告诉孩子,你如果专心写作业的话,就可以节约出更多的时间,来供你做其他的事,比如到楼下和其他小朋友一起玩儿,或者在完成作业和学习后,可以自己选择看一个动画片呢?让孩子有支配自己时间的主动性,实际上就是解放了家长不停关注、唠叨的嘴,甚至烦燥的心。

4. 家长要学会帮助孩子构建时间意识。我们经常强调时间效率,效率从哪里来?就是从时间中来。所以在这里建议家长要充分引导孩子关注你家墙上挂的钟表,或者闹钟。如果孩子对时间认识还存在问题的话,一定要教会孩子认识时间。当孩子在写作业的前后都关注着时间后,就很容易计算出时间成本,通过时间的对比,让孩子感觉到自己今天比昨天在完成作业方面有进步,家长也同时给予鼓励和表扬,让孩子的自信心得到肯定。

5. 家长要及时关注孩子的学习方法。有一些孩子在学习中遇到困难,自己说不出来,家长又观察不到,而老师因为面对全班很多孩子,也不可能一一去关照,这就会无形中让孩子出现了学习上的失控现象。为了解决这个问题,现在必须要明确责任人了,那就是我们的家长,因为孩子和家长是一对一的关系,家长必须要彻底检查一下,孩子每一门功课是否能课上听得懂,课下能独立完成作业,如果不能独立完成,问题出现在哪一个环节:是不能读懂题?还是不会运算?还是识读存在困难?还是写字方面存在困难?等等,这些问题都要一一去关注。

6. 家长要及时关注孩子的坐姿和执笔，帮助孩子养成良好的写字姿势。经常会听到很多家长谈到纠正孩子的写字问题非常困难，为什么困难呢？是因为家长的方法不得当，而孩子的自控能力又不强。面对这种情况，家长要运用一些技巧来帮助孩子纠正错误的写字习惯和不良坐姿。一是对坐姿的纠正，要和孩子一起约定，用最简短的话来提醒孩子，比如：挺胸抬头！二是对执笔的纠正，采用让孩子手心里握东西，呈现中空状态，这样孩子的手在执笔时就不容易变形，比如可以给孩子找来一颗乒乓球，或者小鸡蛋，或者适当大小的桃子、李子等，来辅助孩子纠正错误的执笔。

7. 家长要从亲子沟通方面给予足够的重视。经常听到很多家长来报怨，说自己就是按着三步曲来做了，可是孩子不愿意配合，有时甚至根本不听我的安排，怎么办啊？其实，有这样问题的家长忽略了一层非常重要的关系，那就是家长没有很好地解决亲子沟通关系。你想不管你有再好的办法，如果孩子不愿意听你讲，那根本解决不了任何问题，现在家长必须要从亲子沟通方面下手，学会倾听孩子说，巧妙回答孩子问，适时鼓励孩子保持自信，最近我在做亲子沟通的系列讲座，就是来帮助家长解决这个问题的，如果家长在这方面存在问题，不妨先花上点时间来听听。然后再去着手真正引导孩子实施学习习惯的养成。

8. 家长要清楚学习习惯的养成是否与生活习惯养成同步进行的。习惯的养成,就是一个有序利用时间的过程。学习习惯是一个孩子生活的一部分,而在孩子的一日生活中,必然离不开生活习惯的培养,比如早晨按时起床、上厕所、洗漱、吃早饭,晚上回家后写作业、吃饭、看动画片、和小朋友一起玩儿、用电脑来学习、和家长进行娱乐,比如下棋等,洗漱、睡前阅读、睡觉。如果家长能引导孩子建立有节奏的生活秩序,这对孩子的学习习惯养成来说,是很容易做到的。如果家长只想从学习上下手,其他的环节都忽略了,就会让孩子感觉到自己在被强迫学习,不利于习惯的建立和巩固。(说得太棒了)为了让孩子能顺利进入习惯建立的轨道,请家长一定要做好孩子的榜样,要求孩子做到的习惯,自己必须做到,并且坚持做好,你的言传身教会带给孩子很大的激励和影响。

(四)学习习惯培养三步曲内容

在谈及学习习惯培养之前,应该首先弄明白习惯之含义。习惯是指某一动作和行为通过多次重复而确定下来的过程。用通俗的话来形容,就是指用一百次的动作去重复做一件事,久而久之,便养成了下意识的动作行为了。

第一阶段:家长陪伴期

陪伴:顾名思义就是相伴在孩子身边,以陪同的方式来辅助和引导孩子建立良好的学习秩序。陪伴给予孩子的是信任感和自信的建立。

陪伴周期:3 周,大约 21 天左右。

陪伴过程中,家长需要明确引导孩子所做内容:

1. 统一做好孩子每天放学后至睡觉前的学习时间安排, 这个时间要与孩子协商确定,周末另行约定。

2. 提前 10~15 分钟提醒孩子就要进入学习或者写作业时间,请将手里继续的事情停下来。

3. 做好学习前的准备工作,如喝水、上厕所、整理书桌(将与学习无关的物品从书桌上清除,防止分散孩子注意力)、准备课本、作业本、文具等。

4. 根据不同孩子年龄段注意力集中时间的不同, 家长要与孩子做好学习时间的约定,幼儿每次学习时间规定为 15~20 分钟;小学生每次学习时间为 20~30 分钟; 中学生每次学习时间为 30~40 分钟。每一次学习时间到后,家长要安排孩子做短暂的休息,让大脑得到休息,每次休息时间规定为10~15分钟。

5. 家长要注意观察孩子写作业时的坐姿、执笔、运笔、注意力、写作业时的难易程度等,给予孩子适当的引导和帮助。

6. 家长通过观察和比较,对孩子学习或者写作业的点滴进步做出总结,以鼓励和表扬的方式告诉孩子,让孩子感受到他的进步。

7. 注意事项:家长要管好自己的嘴,不要发现问题就去不停地唠叨,试图去改正孩子,要采取艺术化的方式来纠正孩子学习习惯中存在的不足,比如事前约定手势和表情等来启迪孩子。家长要做好孩子的榜样示范,给孩子坚持好习惯以激励。要允许孩子看动画片或者做喜欢的事,这是对学习或者写作业的一种有益促进,但是要将孩子最感兴趣的事放在学习之后,给孩子一个目标定位:按时或者超前完成作业,便会轻松得到看动画片的时间。

第二阶段:家长渐离期

渐离,指家长离开孩子的书桌旁,在孩子目光视线可及的范围内关注孩子学习或者写作业。渐离期是一个让孩子逐渐由依赖父母在旁边陪伴学习,到父母一点点离开身边而逐渐走向独立的过程,在这个过程里父母的引导非常关键,这关系到整个学习习惯培

养是否顺利实施。

渐离周期:4~5 周,约 30 天左右。

渐离期内家长应该关注的内容:

1. 与孩子总结陪伴期内学习秩序养成情况,给予孩子以肯定,引导孩子逐步走向独立。

2. 明确告诉孩子,现在爸爸或者妈妈要给你独立学习的空间,因为你已经具备独立的能力,但是为了能让你安心学习,我们会在你视线所及的范围内陪伴你。你写作业,我们做自己手里的事,比如看书,学习,做针线活儿,织毛衣等,但不会弄出很大的动静影响你的学习。如果你有学习困难需要爸爸或者妈妈帮助时,及时告诉我,我会来到你身边帮助你。

3. 家长要关注孩子学习的过程中注意力情况,坐姿、执笔、手里是否在把玩橡皮等东西。在一个学习时间段里,可以走到孩子身边提醒,注意不要超过两次,次数多了,便成了对孩子的唠叨。

4. 在下一次写作业之前,家长要有针对性地和孩子对上次写作业中存在的问题做小结,提醒孩子应该注意哪些事项。家长要注意说话态度,力求委婉和艺术化,让孩子容易接受。

5. 渐离期内,家长可以加入互动式的学习方式,比如家长做学生，让孩子当小老师，这种方式容易激发孩子的积极性，启发孩子做主动式思考，通过互动既让家长拉近了与孩子的距离，同时也锻炼了孩子的逻辑思维表达能力。

6. 注意事项：家长要切忌唠叨，这是最容易分散孩子的注意力一种行为。在纠正孩子存在的痼癖毛病时，要力求语言简洁到位，不要□嗦。提醒孩子时，莫忘了鼓励孩子：你虽然有一些小问题，但是你比昨天要有明显的进步了，妈妈为你自豪！妈妈为你高兴！妈妈相信你会克服这些小问题，把事情做的更出色。

第三阶段：家长放手期

放手，是指家长通过前两个周期的辅助和引导，基本上让孩子从心理完全依赖过度到半依赖状态，在家长的进一步鼓励和引导下，让孩子完全适应一个人独立学习或者写作业的过程。

放手周期：7~8 周，大约 50 天左右。

放手期内家长应关注的内容：

1. 与孩子总结渐离期内学习习惯培养情况，明确告诉孩子达到的养成程度，让孩子感受到自己的进步和收获。同时通过引导，鼓励孩子尝试独立学习，走向独立。

2. 家长与孩子约定：爸爸或者妈妈在这个周期里，只负责提醒你几个学习时间(学习前的准备、学习中的休息时间提醒、下一次开始学习时间的提醒),不会就细节进行关注,要靠你自己养成。

3. 通过时间提醒，家长要注意孩子对时间的养成情况,特别是对时钟的管理,要让孩子自觉去关注时间,而不是一味地去提醒孩子,一旦孩子能自觉进入学习准备、学习中间的休息等,就要及时表扬孩子,巩固孩子的时间意识,增强孩子的自豪感和积极性。

4. 学习之余,要及时和孩子就学习方法,学习效率等话题进行沟通,沟通时机选择要选在孩子情绪高兴的时候,同时还要注意说话方式,以鼓励和表扬为主,委婉批评为辅,给孩子以激励。

5. 要从观念上引导孩子:学习是你自己的事,爸爸或妈妈对你进行好习惯培养,只是帮助你建立一个良好的学习秩序,以提高你的学习效率。一个人从小养成好的学习习惯,会对一生有益。

6. 尝试将快乐学习理念引入对孩子的学习习惯培养之中。玩儿可以是快乐的,学习也一样,学习和玩儿都是一个人生活的一部分。让孩子尝试到学习的快乐，家长首先要有良好的情绪掌控能力,不能把孩子存在的不足放大了去解决,去不停地关注,相反要淡化不足,多就孩子的优点拿出来,通过表扬与鼓励让孩子明确知晓,让孩子看到自己闪光的一面,再感受快乐的家庭氛围,对营造孩子的快乐学习非常有帮助。

7. 注意事项:放手期不是完全放开孩子,让孩子自己管理自己的学习,而是从观念上对孩子进行引导。让孩子在良好的惯性秩序基础上吸纳快乐学习的理念,而不是通过逼迫的方式让孩子去被动学习,那样做时间久了会让孩子感觉学习是为了爸爸和妈妈,是为了应付老师布置的作业。家长要注意引导孩子,学习效率越高,用时越短,玩儿的时间便会越多。

第三章
孩子的创新能力培养

一、创新能力和意识

孩子天生就有创新能力和意识，因为孩子有一颗强烈的好奇心。随着年龄的增长，孩子天赋的创造力，在家长日复一日、一点一滴的规范中消失殆尽。作为家长，要真的为孩子负责，就必须有一种意识，尊重孩子个性发展，允许孩子的“恣意妄为”。

家长殚精竭虑，千辛万苦想法挣钱，让孩子生活得好一点，将来为孩子留下尽可能多的财富。其实，创新就是财富，孩子从出生那天起，就拥有无尽的财富，那就是天生的创新能力。这一点，家长必须确立一个坚定的信念。孩子天生的创新能力，家长要保护、培养、引导，使之创新意识和能力健康发展。家长有了这种意识，学习培养孩子创新意识和创新能力的方法，理性地引导孩子，这就已经是为孩子积累财富了。所以，要想使孩子有创新意识和能力，首先家长要树立一个坚定牢固的培养孩子创新能力的意识。

培养孩子的创新意识和能力并不需要家长有多高的学问，或让孩子接受多么高级的训练。只要家长在日常生活中多观察，给孩子创造一些条件，从经济角度来说，是一本万利的买卖。试举一例，平常家长观察到孩子都有这样的举动：刚刚懂得一点电脑知识的孩子，在独自玩电脑过后，家长再使用电脑时，桌面上的图标变了，纵向变为横向，背景风景画面变为卡通画面，输入法的标示也变了，大人很不习惯这种变化。于是，以家长的权威和强势，大声呵斥孩子，瞎鼓捣、乱摸索。然后，让电脑恢复原状。孩子的这些小动作，说实际的有些连家长都不懂得如何调换电脑风格。孩子就有这种天赋，家长老师根本没有教给孩子的知识，他无师自通。这时的家长实在不应太强势、太霸道。应该转换一种语气、态度，表扬孩子的表现，向孩子请教电脑技术，鼓励孩子的创新意识和能力。孩子的创新意识和能力，还不只表现在摆弄电脑上，生活中，组装玩具和文具，另类装束等，这些都值得家长注意，适时地鼓励和引导。

培养孩子的创新意识，家长要遵循以自然为师、以天性为师的教育原则。

随着独生子女家庭的不断增加，家长越来越多的把精力放在孩子身上。特别是社会的竞争压力增大，家长根本不顾孩子的兴趣和喜好，把孩子的时间和精力完全放在学习上，或者强迫孩子参加各种培训班，根本不遵循孩子的个性，而是功利性太强。

孩子即使拥有了某种天赋，由于错过孩子发展的黄金时期，而半路夭折。玩是孩子的天性，会玩才会学，家长绝不能剥夺孩子玩的权利，家长所能做的就是给孩子创造各种条件，让孩子玩好，让孩子多从事社会活动，让孩子接触各种事物，让孩子走向大自然。只要没有人身安全隐患，家长就应该放开手脚，不要过多干涉，让孩子真正在各种探索中，发现自己的兴趣所在。孩子本能的好奇心会帮助他们形成创新的意识和能力。

二、培养孩子的创新能力

江泽民同志曾讲："创新是一个民族的灵魂。是一个国家兴旺发达的不竭动力。"可见，培养创新能力对个人的成长和国家建设都有着极其重要的意义。我们的孩子都将是新世纪的主人,作为家长谁都希望自己的孩子将来能够适应社会生活，成为新世纪高素质的人才。那么,怎样培养孩子的创新能力呢?

首先,必须明确什么是创新。从语义上讲,创新就是抛开旧的,创造新的。就儿童而言,每一个合乎情理的新发现,与众不同的解题方法,别出心裁的观察角度等等都是创新。从创新的含义上可以看出,培养孩子的创新能力要从大处着眼,小处入手,从点点滴滴做起,注意儿童身心发展的方方面面。作为家长应做到以下几个方面:

1. 保护孩子的好奇心。

好奇心是创新能力的前提,也是孩子与生俱来的天性。好奇是思维的源泉,创新的动力。因为好奇,儿童有了探究问题的愿望,去努力揭开事物神秘的面纱。这种欲望就是求知行为在孩子心灵中点燃的思维的火花,是最可宝贵的创造性心理品质之一。家长一经发现,就要注意引导,使孩子的好奇心成为进取的动力。家长千万不能小视、鄙视这种好奇,致使孩子的探究愿望在萌芽状态下就泯灭了。例如,有些孩子对买来的玩具总想拆开看个究竟,对孩子的这种好奇心,家长不能一味指责,而应正确地引导。第四届全国十佳少先队员车亮,是拥有许多专利的小发明家。什么东西拿到手里他都想拆开看看。他爸爸不责怪他,只是说:“你怎么拆的就怎么再装上。”车亮拆玩具的时候特别小心,每拆下一个零件都按顺序摆好,拆完琢磨明白后,再一一装上。像这样拆了装,装了拆,成了个小发明家。才上小学,就已获得了多项国家专利。而原国家教委副主任柳斌在谈到素质教育的问题时,也讲了另外一个故事。一个小女孩,偶然发现蚯蚓断成两半后,两半都在蠕动,感到特别好奇。她把断了的蚯蚓分别搁在两个有土的花盆里,想观察一下断了的蚯蚓还能不能活。妈妈非常生气,说:“一个女孩子,摆弄什么泥巴,没出息!”把有蚯蚓的两块泥巴扔出门去,并打了孩子一巴掌。柳斌同志痛心地说:“你看,这么一骂,一扔,就给未来的中国断送了一位女科学家!”孩子创新的火花在母亲的巴掌下熄灭了!

2. 鼓励、引导孩子多问“为什么”。

古人云:思源于疑。通过问,解决“疑”,就可以促使孩子展开积极的思维活动,从而萌发创新的欲望。家长一要热情鼓励孩子多问“为什么”。由于对事物有了兴趣,孩子产生许多疑问,如电灯为什么发光,飞机为什么飞上天,阿姨为什么会在电视里唱歌跳舞等,家长应热情予以解答,并鼓励表扬孩子的提问。有时孩子对大人的事情很感兴趣,往往刨根问底,家长切不可粗暴地说:“小孩子怎么这么好问事,大人的事与你们小孩子无关。”二要善于引导孩子多问。与孩子过马路时，父母可以发问:“汽车后面要那么多灯干什么?”“电车为什么只能沿着一个路线跑?”母子春游，徜徉在大海边，遥望水天相接的大海，可以问:“有人说大海的最远处是天的边,你说对吗?”拿起一块砖头,可以问:“这块砖头可以干什么?”孩子可能答:“建房、铺路。”家长进一步启发:“还能做什么呢?”以此培养孩子多角度思维灵活程度,等等。生活中有好多为什么,家长要珍惜与孩子共处的每一瞬间,启发孩子多问,从而激发孩子对大千世界的兴趣,培养孩子对事物探究的激情。

3. 培养孩子的想象力。

孩子想象力的培养对创造性思维的发展具有十分重要的意义。任何创造都离不开想象。爱因斯坦说:“想象力比知识更重要,因为知识是有限的,而想象力概括着世界上的一切,推动着进步,并且是知识的源泉。”在家庭教育中,父母不应只教孩子识几个字,背几首诗,应着意培养孩子的想象力。在教孩子背诵《咏鹅》时,要让孩子闭上眼睛,在头脑中绘出一群白鹅在碧水中嬉戏的情景;与孩子一起看电视剧时,可与孩子开展竞猜游戏,对剧情的发展、结局,看谁猜得准;《三国演义》中“空城计”这出戏,可以说妇孺皆知。看电视时,有的孩子却说“司马懿太笨,要我就不信”。

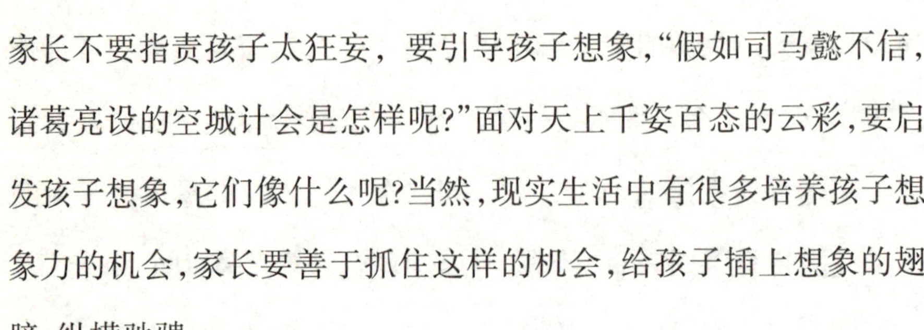

家长不要指责孩子太狂妄，要引导孩子想象，“假如司马懿不信，诸葛亮设的空城计会是怎样呢?”面对天上千姿百态的云彩，要启发孩子想象，它们像什么呢?当然，现实生活中有很多培养孩子想象力的机会，家长要善于抓住这样的机会，给孩子插上想象的翅膀，纵横驰骋。

4. 培养孩子足够的自信心。

自信心是聪明儿童必不可少的性格特征。具有创新能力的前提是足够的自信，而自卑则会扼杀创造精神。培养孩子的自信应注意以下几个方面：

(1)家长要努力营造民主氛围。粗暴、专制式的家长会扼杀孩子的自信心。

(2)努力发现孩子的优点长处，多鼓励、表扬，使孩子看到自己的“闪光点”，体验到成功的乐趣。

(3)不要打击孩子的自信心。即使孩子做错了，也不要一味指责、训斥，让孩子感到“我能行”。总之，要让孩子敢于用自己的眼光看世界，敢于想别人未想的，敢于说别人未说的。培养孩子的自信心是创新能力的情感基础，家长千万不能忽视。

此外，家长提高自身素质也是至关重要的因素。只有家长本身具有创新意识、创新精神、创新能力，才能对孩子起潜移默化的作用；也只有家长不断学习，提高自身素质，才能具有培养孩子创新能力的能力。

三、培养孩子的创新能力的注意事项

孩子的创新能力是多种能力和品质的总和，是智力活动的最高品质，它包括丰富的想像力、发达的创造性思维、强烈的好奇心、亲自动手的实践能力和良好的人格因素等。

(一)孩子的创新能力主要表现

1. 善于动脑，打开思路思考问题。

2. 具有强烈的求知欲望和广泛的兴趣爱好，经常“打破砂锅问到底”。

3. 有求异思维的倾向，喜欢寻找多种或跟成人不同的答案。

欲要培养孩子的创新能力，首先要保护孩子的好奇心，好奇心是创新的前驱，也是幼儿获得知识的必要条件，而大量的知识积累又是形成和发展孩子的创新才能的重要基础之一。好奇心会激发起孩子强烈的求知欲望，从小培养孩子的探索精神，对孩子的一生大有裨益。

(二)在孩子对他所接触的事物产生好奇时,一定要保护好和引导好孩子的好奇心,尽可能让他接触周围事物,最大限度地激发和满足他的求知欲望

1. 鼓励孩子大胆进行探索。

孩子的天性是玩,聪明的孩子不可能是不会玩的孩子。家长要积极鼓励孩子进行探索性玩耍。就是要鼓励孩子玩出新的花样,尝试各种各样的玩法,必要时可一道参与玩耍。

并要避免下面三种错误做法:

(1)为避免孩子搞脏衣服不让孩子玩。某些家长给孩子全身穿名牌,打扮得十分漂亮,生怕玩耍搞脏衣服禁止孩子玩。当然要讲究卫生,但不能限制孩子必要的玩耍。

(2)为求安全不让孩子玩。安全固然很重要,但不能因噎废食、杞人忧天而不让孩子玩,况且安全也有个程度问题。

(3)害怕物品和玩具损坏限制孩子玩。虽然某些家长给孩子买了各种玩具,却不让孩子自由地玩。某些家长不准孩子摆弄玩具或物品,总是说"那样会弄坏的"。诚然,教育孩子爱护东西无可非议,不能要求过严。玩可以直接培养孩子的动手能力,可以增长智慧,不能不让孩子玩。

2. 家庭氛围要宽松。

宽松愉悦和谐的家庭氛围有利于孩子创新能力的培养，无论家庭成员多少，不管年龄和地位有多大差距，孩子跟其他家庭成员之间的关系应该是平等和民主的，应该是自由自在的，不应是压抑和紧张的，或是恐怖的。当前，孩子同其他家庭成员之间不恰当的关系主要有两种情况：一种是孩子说了算，孩子怎么说家长就怎么做。孩子是小皇帝，是太阳，所有的家庭成员都围着孩子转。另一种是孩子没有发言权，更没有决策权，家长说了算，一切都听家长的，包括孩子对自己的事的决策权。这两种家风都不利于孩子创新能力的培养。只有宽松愉悦，有事大家商讨，共同想办法，谁的主意好听谁的，孩子才能积极开动脑筋，从而形成创新意识和创新精神。

3. 认真解答孩子各种各样的提问。

提问是具有探索意识的表现，是一种思考和钻研。从孩子会说话起，便开始会提问。因年幼，所提出的问题常十分可笑或荒唐，可能有的无法回答，不管问得怎样，孩子都是希望能得到解答。

作为家长，应该认真地对待，心平气和地给予解答，要避免如下几种错误态度：

(1)解释得太深太难，孩子无法听懂。

(2)别压制孩子提问，应尽量避免对孩子说“我不得空，你不见

我正忙着？”“你怎么这么多怪问题？”等话语。

(3)忌对孩子提问采取欺骗或搪塞的态度。某些家长回答不了孩子的问题，却又怕丢面子，便胡编乱造一些“答案”来欺骗搪塞孩子，这会影响孩子的思维发展，也会影响家长自身的威信。以上三种态度都不利于孩子创造精神的培养。家长对孩子的提问，有的可直接回答，有的可启发孩子自己去寻找答案，如不能回答，家长可实话实说，也可同孩子一道探索。

4. 常带孩子到外面接触新鲜事物。

知识是一切能力的基础，假如没有知识，对外面的世界一点都不了解、不熟悉，即便是智商很高，也是不会有创新能力的。家长要根据孩子的年龄大小和生活环境，经常利用节假日带孩子到外面去接触各种各样的新鲜事物。如住在城市的家长，可带孩子到农村看看，让他们了解家禽家畜、认识农作物、观赏田园风光，了解花草鸟虫的生存特性等。住在农村的家长，可带孩子到城市转转，让他们了解认识城市的交通、建筑等设施；认识事物越多，想像的基础就越宽广，就越有可能触发新的灵感，产生新的想法。假如只是把孩子关在家里，只想让孩子画画、写字、背诗的做法，会把孩子培养成书呆子，而不可能培养成有创新能力的人。

5. 启发孩子从多角度思考问题。在日常家庭生活中，要经常引导孩子从多角度看待事物和分析事物，慢慢养成换一种思路考虑问题的好习惯。社会生活和家庭生活中的每一个事物,都可以作为启发孩子多角度思维的内容。如鸡蛋可煮汤吃,可问孩子:除了煮汤以外还可怎样吃？又如天冷下雪了,大雪把道路掩盖了,把树枝压断了,可问孩子下雪有无好处？启发孩子多角度思考问题,实际上就是进行发散性思维的训练。培养发散性思维是培养创新能力的前提,家长要注意从小引导和培养。

6. 鼓励孩子编写或讲述故事。

平时孩子喜欢听故事,听过一定数量的故事之后,可让孩子自己来编写或讲述故事。

7. 注意训练孩子的想像能力。

想像是创新的前驱,缺乏想像能力就没有创新能力。在日常生活中,家长要有意识地训练孩子的想像能力。

一般的训练方法有：

(1)家长在平时给孩子讲故事时,不妨讲到一半,然后让孩子根据所讲内容继续接着讲完故事。

(2)让孩子多读些如科幻作品、寓言、童话、神话等富有幻想色彩的书籍。

(3)按文字或口语画画。给孩子提供一些文字或口语,让孩子

用图画的形式把文字或口语的内容画出来。

8. 训练孩子的概念联结能力。

常给孩子一些毫不相干的概念，让孩子通过相关的中间环节把两个不相干的概念联结起来。如“树木”与“汽车”，这两个概念本不相干，但通过“橡胶”和“轮胎”，构成相关的概念链：树木～橡胶～轮胎～汽车。

任何事物都是矛盾的统一体，在孩子的身上有优点，也有缺点和不足之处，要让孩子具有创新能力，就看父母怎么调教。在素质教育中父母的作用不是包管一切，却是不管中的管，宽中有严，给孩子一个独立的广阔天空，让孩子在创新中不断进取、逐渐成熟、走向成功胜利。

第四章 孩子阅读能力培养

一、阅读使人进步

阅读是一种源自于书籍、却不限于书籍的人类行为。

我们阅读书籍，然而我们也阅读绘画、阅读雕刻、阅读音乐，还有，阅读人。

当我们"读一个人"，意味着不只是看看他，认识他，而是要深入理解与他相关的种种。什么时候，我们会不只看看一个人，点点头跟他打个招呼，却会想要"读一读"他呢？显然，第一，我们从芸芸众生中挑出这个人，对他产生了高度的兴趣；第二，我们觉得这个人跟我们的生命，有某种特殊亲近的联系。

需要用心时，我们就"阅读"；希望有些什么知识或经验，可以

触动我们的灵魂时，我们就“阅读”。从阅读书籍来的态度教我们，要放慢速度，同时放开感官的敏锐接收范围，我们才有办法专注地对待格外重要的事物，也才有办法让外界外来的东西，进入自己，变成自己生命的一部分。

我们常习惯性地以为，读书动用的就是视觉。我们是用眼睛看书，然而只动用眼睛的话，我们看了书，却没有读到书。我们跟书之间的关系，也有很多种，翻翻看看，不等于阅读。

唯有激活了所有的感官感受，先愿意尊重地视书籍为一个独立且丰美的世界，让文字记录的意义随时幻化为听觉嗅觉味觉触觉，而且投注以悲欣痛喜，依照书的讯息调整我们的世界关照与生命理解，我们才真正“阅读”了一本书。

用抽象语言描写起来似乎那么艰难的过程，奇怪，却是我们大部分的人，从小一接触到书，很自然就会了的。成长过程，我们就内化相信了这种“阅读”态度，是对待书本最对最好的方式。

通常，我们不会自然地如此投注对待电视电影，甚至不会如此投注对待平常听到的音乐。是因为和书相处，累积了“阅读”的美好灵魂经验，有一天，我们才突然意识——那，难道不能用同样的态度，来“阅读”别的东西吗？“阅读”一张母亲年轻时的照片，突然，本来“看”照片不曾有的感动，铺天盖地淹没了我们。“阅读”一首年少时走在凉风街道上,习惯会哼唱的歌曲,突然听到了自己生命中本来一直沉默着的某个腔调。

“阅读”是动员生命感受与外物诚挚对应的训练,过去因为书籍在文明传承中扮演的重要角色,藉由对书籍的谨慎态度,最容易自然学到“阅读”。现在的人,书读得越来越少,损失的,不是书中承载的那些讯息内容,毋宁是本来可以从和书的互动中养成的“阅读”习惯与能力。毕竟,我们不太可能用以前读书的敬谨态度来看待网络上五花八门的信息,不是吗?

如果有一天,生命中再也没有可以引发我们“阅读”冲动的人,或者,对再有趣再亲近的人,我们都失去了“阅读”他们的本事,那么,活着,是不是少了许多灵魂悸动的快乐?

二、课外阅读的重要性

正如苏联著名教育家苏霍姆林斯基所说:“如果学生的智力生活仅局限于教科书,如果他做完了功课就觉得任务已经完成,那么他是不可能有自己特别爱好的科学的。”我们必须力争“使每一个学生在书籍的世界里有自己的生活”。

学生的知识体系是通过课内外的自主学习而逐渐建立起来的。广泛的课外阅读是学生搜集和汲取知识的一条重要途径。学生从课堂上掌握的知识不是很具体和容易理解的，而是意识性的知识,需要再消化才会吸收。学生可将自己从课内学到的知识融汇到他从课外书籍中所获取的知识渠道中去,相得益彰,形成“立体”的牢固的知识体系。

课外阅读不仅对学生的学习有着重要作用，对学生的道德素质和思想意识也有重大影响。“一本好书可以影响人的一生。”这句话是有道理的,学生更应“多读书、读好书”。几乎每位学生都有自己心中的英雄或学习的榜样,如军人、科学家、老师、英雄人物,哪怕是身边的同学或者自己的父母等。这些令他们崇拜或学习和模仿的楷模相当一部分是学生通过阅读各类书籍时所认识的。当学生进行阅读时便会潜意识地将自己的思想和行为与书中所描述的人物形象进行比较，无形中就提高了自身的思想意识和道德素质,课外阅读伴随着学生的整个学习过程,我们不要将课外阅读片面地理解为语文学科的学习，对于从各门学科的学习中所获得的新知识和新内容都需要大量的课外阅读作为补充和配合,使学生更牢固地掌握和吸收。

三、用游戏的形式启发孩子

(一)巧用扑克学"自然拼读法"

学自然拼读法,可以先有规则地从闭音节开始学。扑克是孩子比较喜欢的形式,可以应用于规律性的拼读,帮孩子学习自然拼读法。当孩子知道每个字母的发音后,家长一手拿"BPMFDP"等辅音,一手拿"AEMU"等元音,辅音一组,元音一组,跟孩子一起组合拼读。

如:让孩子随意编排,如果翻过来是CAP,谁能快速地拼读出来,谁就赢了,赢家继续翻下一张。孩子也可以自己编排,来考验家长。如此下去,孩子会觉得很好玩,也自然记住了相关的单词及拼读方法。

(二)"跳房子"为数感打下基础

在空白的平地上画一个房子, 你可以画One、Two、Three等数字,也可以画"ABC……"等字母。向方格内掷入一个小物件,跳入第一个方格,按照顺序跳到指定方格,捡起该物件,再按原路跳回。每跳一个格,就读出该方格内的数字或字母。跳的时候,不可以踩

到线,否则就退回起点重新来。

数概念是数学的基础。在跳房子游戏中,孩子一边说,一边看,一边跳,运用多种感知觉,把“唱数”与“数数”结合一致,并且对数的序列、大小有了牢固的掌握,从而为掌握数的组成与分解打好基础。

(三)用“购物清单”做项目管理

准备一张超市购物清单和一份印有各种超市货品的广告页。说出需要购买物品的英文名称,让孩子在广告中找出该物品,并将物品图片剪下,集中放置。当找出所有物品后,家长可以引导孩子用英文数出物品的总数,并将物品按 Fruit,Vegetable 等分类。

大一点的孩子喜欢自己做主,家长可以让孩子自己列 Shop-pinglist。如果不会写相关物品的英文也没关系,写汉字或者画画代替。到超市后,孩子的任务便是通过实地寻找,进行采购。孩子可能会发现自己将某个物品的单词写错了,或者学会了某个物品的表达。这个游戏培养了孩子们的系统思维,帮助孩子养成做事有计划的好习惯,同时达成了对孩子们项目管理能力的培养。

(四)洗刷刷洗刷刷

家长可以在每周大扫除时,让孩子来帮忙,以洗衣服为例,请孩子帮忙把衣服一件一件放进洗衣机中,在放衣服之前,让孩子用英文说出衣服的名称、颜色等相关词汇，以及使用一些量词。

这个游戏培养孩子勤劳、乐于助人的好习惯，有助于理解和应用知识，让孩子把课堂上学到的东西与生活结合起来。

四、影响儿童阅读能力的因素

儿童阅读是一个复杂的过程，有许多因素都可直接影响儿童的阅读能力的发展。可总结如下：

1. 语言接受环节的落后。当人们面对语言材料时，第一个学习过程，就是接受过程。这一过程是对字、词和句子的辨认与理解过程。如果这一过程出现困难或落后，儿童就会在口头和书写的语言材料的理解方面出现障碍，接受过程落后的儿童通常有如下表现：

(1)不懂常用词的意思，尤其是较为抽象的词，他们说话像比自己小的孩子，简单而形象；

(2)不能理解正常的句子。如果让他们在大人的谈话中领会某种意思，他们显得十分困难，在阅读测验上成绩差；

(3)不懂规则，他们不注意老师的讲话或家长的讲话，这主要是听能力落后造成的；

(4)不能批判地听,不会作判断。

2. 语言生成方面落后，即不能表达或书写。听到或看到文字后,我们要接受它,还要在大脑中贮存它,最后要能将文字表达出来。表达文字,首先就要在大脑中生成文字,或以听表象的形式,或以视表象的形式。有的儿童接受环节没有出现落后,但在生成环节上出现落后,仍然会出现阅读方面的困难。这方面落后的孩子通常有这样的表现:

(1)说话时的词汇量少,或说话时不连贯,迟疑不决;

(2)词汇单调贫乏,总是使用几个相同的词;

(3)上课不敢发言,或说话时辞不达意;

(4)写字时经常提笔忘字,或写错别字;

(5)爱写不爱说,或者爱说不爱写。

语言生成方面的落后,既与视听能力的发展有关,也与后天环境的影响有关。所以影响儿童阅读能力的第三个因素是家庭。

3. 家庭影响。研究表明,家长的语言表达能力和方式是影响儿童阅读的一个重要变量。大体可以把家庭环境分为两种类型:

(1)重视语言的家庭。在这种家庭中,家长经常使用较为规范的语言与孩子交流,语言的交流在家庭生活中占有很大分量,这种家庭中,家长约束孩子看电视的时候,经常与孩子交谈。

家长用词准确而规范,有较高的文化素养,且能说会道。所以,言谈成为家庭的主要生活内容。在这种家庭中长大的儿童,从小就受到良好的语言刺激,知道语言的重要性,所以养成了重阅读的行为习惯。

(2)缺少语言刺激的家庭。家长或是沉默寡言,或是讲话简单,不讲究用词的丰富与规范,孩子生活在一个缺少语言刺激的家庭中,没有意识到语言的重要性,所以从小开始就缺乏语言经验。

这种孩子很可能像家长一样,重视操作与活动,动手能力很强,而语言能力较差。长期如此,培养了孩子不爱阅读的习惯。

4. 情绪问题。孩子的情绪与情感也是影响阅读的重要因素。有些孩子对于阅读有一种害怕和焦虑的情绪,由于阅读能力较差,而对阅读产生恐惧心理。

他们不敢尝试发言或朗读,所以得不到更多的学习机会。此外,有些孩子对阅读有一种厌烦心理,他们由于过去的种种经验,对阅读产生回避和反感。

这使他们不能把精力放在积极的阅读活动上,对于非阅读的活动有着浓厚的兴趣。还有低自尊的孩子也不爱阅读,他们认为自己是不好的孩子,没人喜欢。

他们总是把心思放在如何能让别人看得起上,而对于阅读不

感兴趣。在阅读时,他们不能专心。而我们知道,阅读是一项需要格外专心的活动,它要求的注意力比其他任何一项学习活动都要高。

5. 教育的超前或落后。有时学校中所呈现的材料过难,不适用于某一儿童的现有水平,这可导致孩子对阅读恐惧。有些孩子喜欢形象的阅读材料,也有些孩子对于抽象的阅读材料有兴趣,而学校不能总是满足不同儿童的特殊需要,所以,面对同样的阅读材料时,有个别儿童就难以适应了。

此外,阅读教学的偏差也是影响学习的因素,有的教师在教阅读时,过于偏重对发音和对字形的辨认,对阅读是一个理解过程重视不够,所以把儿童培养成只重视朗读,而不重视理解的人。

有一个儿童在全区朗读比赛中得第三名,但在阅读理解测验中名落孙山,原来,他的阅读方法有严重缺陷。他过于在乎对字面发音的准确性,不去试图理解句子所代表的意义,所以读后对内容理解不深,不能动用阅读来解决自己需要解决的问题。

6. 阅读兴趣问题。有一个初中生,语文成绩列全班最后,作文错字连篇,不爱阅读,每天放学就在家中看动画片。开始,我们以为是阅读障碍,可在阅读诊断中,发现他对阅读材料的理解没有什么大问题。

后来经了解才发现,他的问题出在阅读兴趣上。他只读与军事有关的文献，只要是战争方面的文章和小说，他都能快速阅读，而且能准确理解。

而一到了语文课上的其他各类文章，他就十分无能了，他不会分析段落大意，不知课文中人物的笥格的分析，对语法也不理解。原来，他对战争读物感兴趣，使他积累了许多与此有关的词汇，所以，越读得多，他就有能力，越有能力，就越有兴趣，导致他只会读与战争有关的书籍，而不能读别的东西。

家长应当培养儿童广泛的阅读兴趣，不要让孩子任意发展，在孩子开始阅读的时候，要给予适当的引导。要关心孩子读什么书，及时纠正孩子的片面的阅读兴趣。

上述这 6 个因素有时是同时出现的，但更多的时候是单独出现的，家长可以对照上面的因素，检讨自己的家庭教育和孩子心理能力发展方面，是否出现与此有关的落后。

第五章
孩子思维能力培养

一、每个孩子都是天才

人的智力水平主要通过思维能力反映出来。

(一)思维水平的高低,反映一个人智力活动水平的高低,它从不同方面表现出来:

1. 独立性:思维能力强的人必定是善于独立思考的人。即使他请教别人、查阅资料,也是以独立思考为前提的。

2. 灵活性与敏捷性:对事物反映迅速而且灵活,不墨守成规,能较快地认识、解决问题。

3. 逻辑性:思考问题严密而且科学,不穿凿附会,不支离破碎,得出的结论有充足的理由和证据,前因后果思路清晰。

4. 全面性:看问题不片面,能从不同角度整体地看待事物。

5. 创造性:对问题能提出创造性见解,别人没想到的他也能够想到。

(二)提高孩子思维能力的具体方法是:

1. 培养孩子独立思考的习惯。年幼的孩子遇到疑难问题,总希望家长给他答案。有些家长直接把答案告诉孩子,这对发展孩子智力没有好处。高明的家长面对孩子的问题,应告诉孩子自己寻找答案的方法,启发孩子运用自己学过的知识和经验去寻找答案。当孩子自己得出答案时,他会充满成就感,而且会产生新的学习动力。

2. 让孩子经常处在问题情景之中。当孩子提出问题时,家长要跟孩子一起讨论问题,家长的积极主动对孩子影响很大。特别是家长弄不懂的问题,通过请教他人、查阅资料、反复思考获得圆满答案,这个过程最能提高孩子的思维能力。

3. 跟孩子一起收集动脑筋的故事和资料。动脑筋的故事和资料很多,有的是真人真事,有的是寓言故事,有的是科普性读物。家长和孩子共同收集、整理，空闲时间翻阅这些资料，讨论感兴趣的问题。

4. 搞家庭智力竞赛。利用节假日进行，家长和孩子轮流做主持人，设立小奖品或其他奖励措施。为了增强气氛，可以请亲友或其他小伙伴参加。引导孩子一起讨论，设计解决问题的思路，参与解决问题的过程。家长应引导孩子并与孩子一起共同讨论、设计解决问题的方案，并付诸实施。这个过程需要分析、归纳、推理，需要设想解决问题的方法与程序，这对于提高孩子的思维能力和解决问题的能力大有帮助。

二、想像力比知识更重要

俄国教育家乌申斯基说："强烈的活跃的想象是伟大智慧不可缺少的属性。"中小学生在学习各门课程中都要借助想象力。没有想象力，学生将难以理解教材中的图形、概念，写作文也不会有形象生动的描写。想象力还直接关系到孩子创造力的发展，现实生活中的许多发明创造都是从想象开始的。要提高孩子的想象力，可以从以下几个方面努力。

1. 指导孩子丰富头脑中表象的储存。表象是外界事物在人的头脑中留下的影像,是具体、形象的。因为表象是想象的基础材料,所以头脑中的表象积累得多,就有进行想象的丰富资源。带孩子去博物馆参观、到郊区游览、参加各种公益活动或走亲访友等,都可以让孩子记住许许多多的表象。为了记得多,记得准,记得牢,可以让孩子用语言描述或者通过写日记把头脑中的表象再现出来。

2. 指导孩子扩大语言文字的积累。想象以形象为主,但离不开语言材料,特别是需要用口头语言或书面语言将想象的内容表述出来时,语言材料起着重要作用。因此,要让孩子扩大语言文字的积累。比如,让孩子备一个摘抄本,把阅读中遇到的名句、名段摘抄下来,平时可拿来翻阅。

3. 支持孩子参加课外兴趣小组活动。每一种兴趣小组活动都有大量的形象化的事物进入孩子的脑海中,且需要进行创造性想象才能完成活动任务,这对提高孩子的想象力十分有益。当孩子的活动成果得到展示或者获得表彰奖励时,他们的积极性会更高,想象力会突飞猛进地发展。

4. 鼓励孩子编故事、讲故事。孩子喜欢编故事、讲故事,有时讲给小朋友听,有时讲给爸爸妈妈听,有时还会自言自语。这是锻炼表达能力的好方法,也是发展想象力的好机会。家长要积极鼓励孩子,不要冷言冷语,更不能随便阻止。家长可以引导孩子按照某个主题去编去讲,适时地给以赞扬,指出不足。

三、用美好的情感感染周围的人

一个人具有好的性格, 十分重要, 诚如大科学家爱因斯坦所说:“智力上的成就,在很大程度上依赖于性格的伟大。”因此,使孩子健康成长的好方法就是让他感到快乐,具有快乐性格。那么,我们该如何培养孩子这种幸福人生所必备的快乐性格呢?

1. 放手让孩子寻求快乐。快乐的体验有助于培养孩子大方和开朗的性格。要想使孩子能够持久地拥有童年和少年阶段幸福和欢乐的感受,更多的是要放手让孩子自己去领会,只要是合情合理的。只要给孩子一星半点的机会,他们就会自寻快乐。比如,捉迷藏就是孩子间相当喜爱的游戏,尤其当他们找到对方的那一刻,那种兴奋之情难以形容。如果做家长的认为孩子会把衣服搞脏而予以制止的话,就等于是剥夺孩子的快乐。父母要做的就是要积极引导和培养孩子的广泛兴趣，为孩子提供多样的选择,并且引导孩子把追求快乐的习惯保持下去,将其带入到今后的成人生活中去。

2. 给孩子足够的鼓励。人类天性的深处是喜爱夸奖的。对于孩子来说,鼓励能培养其自信并使其性格趋于成熟。挑剔和责骂只能使孩子丧失自立的能力，一个总是挑剔孩子在成长中不可避免的错误和缺点的家庭,孩子的特长和优势往往难以被发现和肯定,毫无疑问，孩子是难以拥有真正的快乐和幸福的。要做孩子的好父母,就要多关注孩子,注意发现孩子的“闪光点”并予鼓励,这不光是为了孩子眼前的成长,更是给孩子将来拥有优秀性格打下基础。

3. 给孩子自主决策权利。许多家长总是事事为孩子进行周密的设计,喜欢用这个不准那个严禁来束缚孩子的手脚,使孩子感到是在为父母生活，而不是为自己生活，就会感到压抑和窒息。因此,作为家长,就要注意适度的放权,不要过多地包揽该是孩子权利内的事情，从而让孩子在独立生活的体验中享受到生活的乐趣。

4. 营造快乐的情感空间。要让孩子不断地充实个人的“快乐资源”,就要注重密切亲子关系,多和孩子一起讨论相互感兴趣的话题。这些话题包括孩子的功课、身体、生活乃至国情家情等等,从而加深与孩子间的感情交流。要多和孩子在一起下棋,一起打球,一起做手工,一起看新闻看动画片,在电脑上一起创作卡通。让孩子融于浓浓的快乐活动之中,这本就是最好的情感沟通。事实表明,欢快的经历能不断加深亲子之间的感情,能够不断拓展情感空间。引导调整心态。父母应使孩子明白,有的人之所以一生快乐,并不是他们一帆风顺,而在于其适应能力强,拥有好心态,能够很快从失望中振作起来。作为家长,就要身体力行,昭示出自身永不服输、决不气馁的精神气质。与此同时,家长更应注重从行为上给予引导,帮助孩子及时得到心理上的积极支持和调适,能够有效地化解生活难题,不断强化心理素质能力。

4. 适度限制物质的占有量。适当地限制孩子对物质的占有量,不但不会阻碍其快乐性格的正常发展,反而能使孩子有满足感。有的家长总是千方百计地“一切为了孩子,为了孩子的一切”。过犹则不及,由于给予孩子物质上的过度满足,便在“无意”中“催化”了贪图享受的不良习惯。孩子在成长道路上不幸落进温柔陷阱,正是过分庇护孩子的家长亲手挖掘的。因此,要想使孩子拥有人生幸福,就要从培养孩子的勤俭意识做起。

5. 保持家庭生活美满和谐。营造一个美好和睦的家庭生活氛围,可以使孩子在耳濡目染中体会到生活的乐趣。父母的不良心态对孩子的危害不容低估。在幸福的家庭中成长起来的孩子,成年后能幸福生活的比从不幸福家庭中出来的孩子要多10%~20%。家庭中真诚的微笑和温暖,便是积极的情绪信号。而家庭消极的情绪信号,犹如软刀杀人,会极大地影响孩子健康个性的生成,会给尚十分脆弱的孩子心灵造成损害,影响孩子的心理发展,使其陷入失落和悲凉中。

让孩子感受快乐时光,享受温馨,沐浴在融融亲情之中,对于形成孩子的快乐性格至关重要。

四、给孩子自学的机会

所谓自学能力,就是不依赖教师、家长,通过独立学习、钻研而获取知识的能力。培养儿童自学能力的前提条件是:孩子必须具有

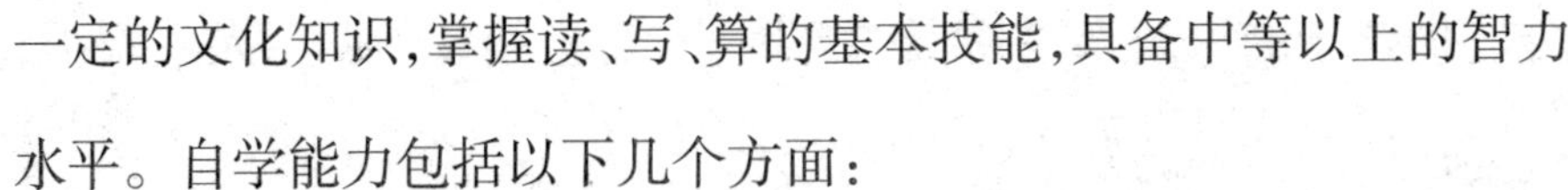

一定的文化知识，掌握读、写、算的基本技能，具备中等以上的智力水平。自学能力包括以下几个方面：

1. 选择信息。要学会选择图书。小学低年级学生掌握的词汇量有限，需要文字简单、画面生动的注音读物和连环画。如《世界童话名著连环画》等，把孩子引向丰富多彩、充满幻想和诗情的世界；高年级学生选书一要实用，二要立足于启迪思维，开发智力。如《儿童百科全书》、《十万个为什么》等。

2. 接收信息。接收以各种媒介作为载体的信息，其中以视听为主。最关键的是要培养儿童独立阅读的能力，使他们能根据需要主动阅读书籍报刊。预习也是培养独立阅读能力的重要途径，可以要求孩子对所学科目进行预习。质疑提问是接收信息的主要途径，家长要鼓励孩子敢问善问，孩子的问题越多，他最终获得的知识就越多。

3. 理解、分析和组合信息。将接收到的信息与头脑中原有的认识结构相联系并纳入认识结构，这是对信息的处理过程。有些小学生为了应付考试而习惯于死记硬背书本知识，一些家长也习惯于单纯向孩子讲解知识并让孩子按照固定的程式做练习，这种形式主义的学习方法危害是很大的。可以引导孩子把书本上的内容和通过学习实践所获得的经验结合起来,整理小结。鼓励儿童发表自己独特的见解,善于与人探讨问题;鼓励儿童把自己的学习心得介绍给同学,帮助学习有困难的同学赶上来。

4. 存储信息。把获得的信息纳入认知结构本身是一种存储,为了防止遗忘,可以指导孩子写读书笔记,做读书卡片,把有用的资料记录下来,利用电脑存储更为有利。

对学习成绩较差的孩子,也要重视培养他们的自学能力。当然要适当降低要求,放慢进度,练习的形式要多样化,让他们在学习上顺利爬坡。

第六章
孩子口头表达能力培养

一、口才的故事

口才并不是一种天赋的才能,它是靠刻苦训练得来的。古今中外历史上一切口若悬河、能言善辩的演讲家、雄辩家,他们无一不是靠刻苦训练而获得成功的。

美国前总统林肯为了练口才,徒步30英里,到一个法院去听律师们的辩护词,看他们如何论辩,如何做手势,他一边倾听,一边模仿。他听到那些云游八方的福音传教士挥舞手臂、声震长空的布道,回来后也学他们的样子。他曾对着树、树桩、成行的玉米练习口才。日本前首相田中角荣,少年时曾患有口吃病,但他不被困难所吓倒。为了克服口吃,练就口才,他常常朗诵、慢读课文,为了准确发音,他对着镜子纠正嘴和舌根的部位,严肃认真,一丝不苟。

我国早期无产阶级革命家、演讲家萧楚女,更是靠平时的艰苦训练,练就了非凡的口才。萧楚女在重庆国立第二女子师范教书时,除了认真备课外,他每天天刚亮就跑到学校后面的山上,找一处僻静的地方,把一面镜子挂在树枝上,对着镜子开始练演讲,从镜子中观察自己的表情和动作,经过这样的刻苦训练,他掌握了高超的演讲艺术,他的教学水平也很快提高了。1926 年,他年方 30,就在毛泽东同志主办的广州农民运动讲习所工作,他的演讲至今受到世人的推崇。

我国著名的数学家华罗庚,不仅有超群的数学才华,而且也是一位不可多得的"辩才"。他从小就注意培养自己的口才,学习普通话,他还背了唐诗四五百首,以此来锻炼自己的"口舌"。

华罗庚先生在总结练"口才"的体会时说的:"勤能补拙是良训,一分辛苦一分才。"

二、父母学会倾听

父母学会倾听属于有效沟通的必要部分,以求思想达成一致和感情的通畅。狭义的倾听是指凭助听觉器官接受言语信息,进而通过思维活动达到认知、理解的全过程;广义的倾听包括文字交流等方式。其主体是孩子,而倾诉的主体也是孩子。两者一唱一和有排解矛盾或者宣泄感情等优点。孩子作为真挚的朋友或者辅导者,要虚心、耐心、诚心和善意为倾诉者排忧解难。

(一)父母倾听的要点

1. 克服自我中心:不要总是谈论自己。

2. 克服自以为是:不要总想占主导地位。

3. 尊重孩子:不要打断对话,要让孩子把话说完。千万不要去深究那些不重要或不相关的细节而打断人。

4. 不要激动:不要匆忙下结论,不要急于评价孩子的观点,不要急切地表达建议,不要因为与对方不同的见解而产生激烈的争执。要仔细地听对方说些什么,不要把精力放在思考怎样反驳对方所说的某一个具体的小的观点上。

5. 尽量不要边听边琢磨他下面将会说什么。

6. 问自己是不是有偏见或成见,它们很容易影响你去听孩子去说。

7. 不要使你的思维跳跃得比说话者还快,不要试图理解孩子还没有说出来的意思。

8. 注重一些细节:不要了解自己不应该知道的东西,不要做小动作，不要走神，不必介意孩子讲话的特点。

（二）父母学会倾听

1. 要体察孩子的感觉。一个人感觉到的往往比他的思想更能引导他的行为，愈不注意人感觉的真实面，就愈不会彼此沟通。体察感觉，意思就是指将对方的话背后的情感复述出来，表示接受并了解他的感觉，有时会产生相当好的效果。

2. 要注意反馈。倾听孩子的谈话要注意信息反馈，及时查证自己是否了解孩子。你不妨这样："不知我是否了解你的话，你的意思是……。"一旦确定了你对他的了解，就要进入积极实际的帮助和建议。

3. 要抓住主要意思，不要被个别枝节所吸引。善于倾听孩子的人总是注意分析哪些内容是主要的，哪些是次要的，以便抓住事实背后的主要意思，避免造成误解。

4. 要关怀，了解，接受孩子，鼓励他或帮助他寻求解决问题的途径。

（三）父母倾听的秘密

1. 注意事项

（1）身体前倾，表示对谈话感兴趣。

（2）要"所答即所问"，这表示你在与孩子交流。

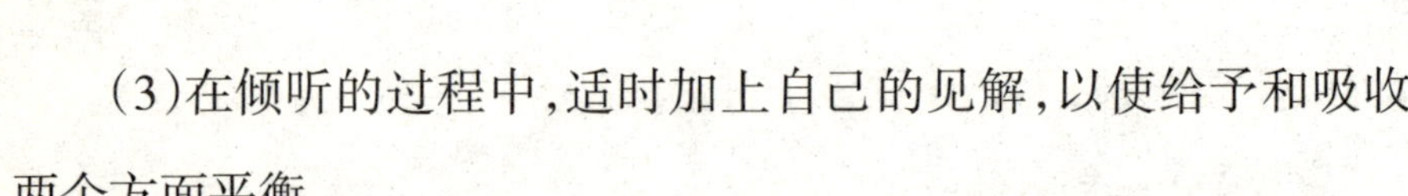

(3)在倾听的过程中,适时加上自己的见解,以使给予和吸收两个方面平衡。

(4)以头部动作和丰富的面部表情回应说话者。

2. 倾听的技巧

(1)你必须充分认识到有提高这方面技巧的必要,并且很想改进它。如果没有这种强烈的愿望,再怎么努力也是枉然。

(2)当你很难弄懂孩子的表达意图的时候,要问:"你为什么要告诉我这些?"

(3)要对"红牌"词语加以警惕。这些词语可能会引发过激反应,或造成偏见,比如"女性解放"、"男性沙文主义者"等词。

(4)如果你发现你走神了,当你回过神来的时候,你无法接上对方的谈话,那么就注意一下关键词和使用最多的词。当说话的人谈吐不清、词不达意、不切题时,这种情况会经常发生。

(5)要尽量找一个不受干扰的地方交谈,如果周围有太多容易令你分心的事,就会影响你集中精力,从而使得你很难续接上你的思维链条。

3. 倾听的禁忌

(1)对谈话内容漠不关心;

(2)只听内容,忽略感觉;

(3)无故打断孩子的谈话。

(四)父母倾听的心得

1. 要让孩子放松,两个人都坐下来,并且在同一高度上,面对面,距离比一般的社交距离稍近些较好。

2. 如果孩子一开始情绪激动,必然导致无法把事情说清楚,此种情况常见于女孩子。此时作为父母,拥抱和拍抚都是很好的稳定对方情绪的方法。

3. 倾听中,目光专注柔和地看着孩子,适时给出回应,比如点头和“嗯”,表示你正在专心倾听。

4. 没有听懂或弄清楚的地方要及时提出并沟通, 以免造成误解。但不要喧宾夺主,更不要把话题扯开。

5. 在孩子说完前不要急于发表观点, 也不要提前在心中作出预判,尽量避免把对方的事情染上自己的主观色彩,耐心听完。

6. 孩子说完后,有条件的话,让他喝一点热茶或热牛奶、巧克力什么的,他需要感受到被人关心,热的东西也容易让人重新振奋起来。

7. 无论孩子说的事情在你看来多可笑幼稚, 他向你诉说都是表示对你的信任,这是一种对你人格的赞美,所以,不要嘲笑他,也不要带着高姿态评点他的事。即使你不赞同他的想法,都要给予他他想要的理解和安慰,在困境中支撑对方是作为朋友的义务。

8. 你不需要完全感染孩子的情绪,或者想个办法帮他出气。如果孩子的诉说内容只是一种莫名的情绪, 那么做到第 7 步时一切已经完成了。但如果这是个尚待解决的问题,你可以帮他把事情从头到尾理一遍,哪些地方是他自己做的不对,哪些地方主要是别人的问题,解决方法等等。

9. 你可以从孩子的观点看问题, 但提出的建议一定要出于自己的想法,孩子想听到的是“你的意见”。如果担心自己的想法太过主观,尝试从多个角度切入问题,如此可以尽可能地确保客观、公正。

10. 当然也有可能,孩子在诉说的过程中,自己渐渐有了主意。如果你觉得你的想法会更好,那么作为一个提议告诉他,帮他参谋而不是作决定。决定一定是当事人自己作出的。即使他最终没有采纳你的建议,也要给予他鼓励和祝福。

三、家长如何培养孩子的口才

语言学习是一个过程。从婴儿期开始,孩子的语言、心理和情感的发展是相互关联的。语言能力也影响孩子的终生。家长应确保您的孩子的语言能力健康成长。

1. 多跟孩子讲话

很多研究已经表明，如果父母能够在孩子童年时代，把孩子当做大人一样，不停的和他聊天、探讨甚至争论，那么在这种环境下成长起来的孩子，将比那些跟随着“沉默是金”的父母一起成长的孩子拥有更丰富的词汇量和更清晰、多样的表达方式。

家长需要做的，就是尽可能把日常生活中发生的每一件事情，通过清晰准确、生动形象的表达告诉给孩子。

2. 用丰富的词汇与孩子交谈

跟孩子说话时用词尽量丰富些。譬如，与“奇怪”相近的词可以说“惊奇”、“莫名其妙”、“诧异”等，用于形容“灯”的词有“五彩缤纷”、“多彩多姿”、“灯火辉煌”、“五颜六色”、“五光十色”等。让孩子学语言一开始就有个高起点。

3. 给孩子读书

每天给孩子读书对帮助孩子语言发展至关重要。建议从婴儿期开始就给宝宝读书，并在孩子的整个童年时代坚持给他读书。给孩子读一些适合他们年龄的图画书，如帮助孩子认识动物，颜色，形状，与日常物品的图画书等。告诉孩子每样东西的名称，并让孩

子找出所对应的东西。让孩子感到读书是一件有趣的活动，并要赞美孩子认真学习的行为。

4. 认真听孩子说话

当孩子与你说话时，耐心认真地听他说。如果孩子所说的有语音或语法错误，不要批评孩子而是耐心地用正确的语音或语法来重复他想说的。鼓励孩子多说。如鼓励他用口头说出一些常见物品的名称，身体部位和熟悉的人的名称等，然后做一些描述。提出一些需要孩子做出选择的问题，而不是只需要回答是或否的问题。鼓励孩子用语言来表达他的需求和高兴或生气时的感受。

5. 陪孩子看电视

小朋友看电视时，家长最好不要把他一个人丢下，趁机去做其他事情，而是在一旁陪伴他，并针对电视节目解说，提问，讨论，帮助他利用电视媒体学习语言。

6. 一起听歌唱歌

歌曲是孩子们接受和掌握语言的最佳形式，他们在学会旋律的同时，自然而然就记住了歌词。所以，每天安排一些时间，和孩子一起听歌、唱歌。唱的过程中，你可以配合上相应的手势，帮助孩子理解歌词的意思。

四、聪明父母造就好口才宝宝

现代社会,年轻的父母深知口才对于人才的重要,但如何对孩子进行成功的语言教育,则是摆在他们面前的一个棘手的问题。

每一位父母都希望自己的孩子聪明伶俐，因而对孩子的语言发展情况会格外重视。

一般而言,孩子的语言像其父母,但语言环境对儿童语言的发展也起着极为重要的作用。她说,懂得教育方法的父母或老师总是会为孩子创设一种宽松愉悦的精神环境，使孩子生活在浓浓的爱的氛围中,这样孩子才会乐于与你交往,并接受你的语言训练。

(一)进行听说话的训练

儿童学说话是从听说话开始的,对于幼儿来说要随时提供听说话的环境。最简单的方法是随时说着你正在做的事,如:你在洗衣服,可对孩子说:“妈妈给爸爸洗衣服。”你在看书,可以说:“妈妈在看书,宝宝长大了也要看书。”

还可以说孩子正在做的事,如孩子在吃苹果,你说:“宝宝在吃苹果,好吃吗?"孩子在玩玩具,你可以说:"宝宝在玩积木,真乖。"这种语言环境的作用在于开拓儿童的"听－说系统"。

儿童与成人交往时,在最初自发发音的基础上和视、听、触的过程中,通过生活活动和游戏,就会模仿成人的语调和语调,也就是学会了说话。

在训练孩子听话能力的时候,父母可适时选用较慢、重复的话语对孩子说话,有助于孩子理解和模仿父母的话语,这对幼儿初期的语言发展很有好处。

父母说话时务必做到发音准确、清楚,因为孩子从小养成的语言习惯和发音特点,以后是很难改正的,要让他们从小就规范化地使用语言,为将来的口语表达奠定基础。

(二)让孩子在童趣中学习语言

生活在单调环境中对孩子的语言发展不利，要创设不同的生活环境,让孩子见得多,听得多,才有"素材"可说。如幼儿园的小朋友常常分不清左右脚的鞋子，若老师只是单纯地说教这是左脚鞋子,那是右脚鞋子,说得再多孩子可能还是分不清。

这时,老师可以编一个童趣味十足的小故事:"小朋友们看看,某某的两只鞋子背对着背,都生气了,他们为什么不高兴呢?因为他们在说:‘把我们穿错了,我们要面对面’”。

随后,老师帮孩子把穿错的两只鞋对换,再说:“瞧,两位好朋友正面对面地点头微笑呢,他们为什么会这么高兴?因为他们穿对了。”老师还可配上一幅人物化了的两只生气鞋子的卡通漫画和一幅正在微笑的两只鞋子的卡通漫画让孩子们边看边说。这样,孩子不仅很快就能分清左右鞋子,而且以后也会用这么有趣的语言去和穿错鞋子的小朋友说话。

采用儿童化的语言和孩子说话往往会收到意想不到的效果。比如有的小朋友玩得很脏也不愿洗,那么你可以这样对孩子说,宝宝的小手在说:“我早上多干净啊,可是现在这么脏,我真难过。”宝宝的小脸蛋在说:“我好难受啊,我希望我很快就能变得香喷喷的。”

小脚丫也在说:“我也很伤心,我多想舒舒服服休息一会呀。”宝宝自己决定先洗哪个地方呢?孩子听了之后,不仅非常乐意洗,洗完后还会说:“我的小脸蛋香喷喷的,我的小手变干净了,我的小脚丫真舒服呀!”

当然,随着孩子年龄的增长,成人应该采取相应的谈话方式和孩子进行交流,否则会使孩子的语言水平停留在幼稚的低水平

阶段。

（三）利用图画书进行语言训练

在教孩子认识周围具体事物进行语言训练的同时，家长还可借助图书教孩子学说话，如买一些《看图说话》及文图并茂的小图书等。儿童好奇心强，这些形形色色的图画，形象生动，容易引起孩子的兴趣，便于他接受。

大人在教孩子看图书时，不要照本宣科，要一边看画一边讲，把画页上的内容概括成一两句话，用简洁、生动、形象、适合儿童口语特点的语言讲出来，这样使孩子感到亲切，便于他们记忆和复述。

对于较大幼儿来说，已有了一定的理解能力和接受能力，可让他们自己对着图画练习说话，大人只是适当地加以指导，这对训练孩子的说话能力和发挥其想象能力很有好处。

学龄前儿童的模仿力是极强的，作为孩子学习语言的第一任老师——父母，说话时一定要为孩子作出表率。美国心理语言学家F·R施莱伯说："要想知道你孩子将来的语言如何就必须先研究你本人现在的言语。"

如果父母在孩子面前粗话、脏话随便说，对孩子的身心健康和语言发展都会产生不良影响。为此,年轻的父母在孩子面前一定要注意自己的一言一行,万万不可粗心大意。

五、如何训练宝宝的口才

每个父母都希望自己的宝宝口齿伶俐,这不仅关系到宝宝的语言能力,而且宝宝长大后,出众的口才也有利于在社会上的发展。语言能力不是天生的,而是培养出来的。对于幼儿来说,0~6岁时是语言敏感期,在这个时期父母如果采用恰当的方法,可以训练、提高宝宝的语言能力。

1. 鼓励孩子唱歌或朗诵短诗让你欣赏，或定期举行家庭表演会,以此训练孩子的胆子。

2. 让孩子重述小说或电视电影的故事，帮助孩子将长故事浓缩成“短剧”。

3. 纠正错误,孩子说话的毛病是“半句话”较多,说话快,不必要的关联词多。家长应耐心帮助和鼓励孩子,对语病要注意纠正,然后让孩子重新说,直到孩子能正确表达为止。

4. 反复交流是发展口头语言的最好手段，家长要经常主动与孩子对话、聊天,锻炼孩子的口语能力。

5. 多给孩子打气,对他们的努力要有具体的表扬,如"我很喜欢你描述的人物,很生动,你能不能再多讲一点?"

6. 鼓励孩子在亲友前讲笑话或与他人分享个人的特殊生活经历,如度假,旅游等。

7. 比较年长的孩子可参与非正式讨论,以训练辩驳能力。

8. 有心志的父母甚至可每周定时训练孩子的口才，让其有机会练习演讲与辩论。

摘自《婴幼儿养育指南》

六、给孩子口才训练的方法和计划

(一)培养孩子口才方法

1. 多给孩子打气,对他们的努力要有具体的表扬,如"我很喜欢你描述的人物,很生动,你能不能再多讲一点?"

2. 鼓励孩子在亲友前讲笑话或与他人分享个人的特殊生活经历,如度假,旅游等;

3. 比较年长的孩子可参与非正式讨论,以训练辩驳能力;

4. 有心志的父母甚至可每周定时训练孩子的口才，让其有机会练习演讲与辩论；

5. 多让孩子去接触陌生人,让其勇敢地对人讲话；

6. 多让孩子阅读些关于口才的文章书籍。

（二）孩子口才训练方法

1. 教孩子速读法

这里的“读”指的是朗读,是用嘴去读,而不是用眼去看,顾名思义,“速读”也就是快速的朗读。

这种训练方法的目的,是在于锻炼人口齿伶俐,语音准确,吐字清晰。

2. 教孩子背诵法

孩子都背诵过课文。有诗歌、有散文、有小说。背诵的目的是各有不同的。有的是因为老师要求必须背诵,而不得不背,以完成老师交给的学习任务;也有的是为了记忆下某个名诗、名句,以此来丰富自己的文学素养。而我们提倡的背诵,主要的目的是在于锻炼我们的口才。我们要求的背诵,并不仅仅要求你把某篇演讲辞、散文背下来就算完成了任务,我们要求的背诵,一是要“背”,二还要求“诵”。这种训练的目的有两个:一是培养记忆能力,二是培养口头表达能力。记忆是练口才必不可少的一种素质。没有好的记忆力,要想培养出口才是不可能的。只有大脑中充分地积累了知识,你才可能张口即出,滔滔不绝。如果你大脑中是一片空白,那么你再伶牙俐齿,也无济于事。记忆与口才一样,它并不是一种天赋的才能,后天的锻炼对它同样起着至关重要的作用,“背”正是对这种能力的培养。

3. 教孩子练声法

练声也就是练声音,练嗓子。在生活中,我们都喜欢听那些饱满圆润、悦耳动听的声音,而不愿听干瘪无力、沙哑干涩的声音。所以锻炼出一副好嗓子,练就一腔悦耳动听的声音,是我们必做的工作。

练声的方法是:第一步,练气。俗话说练声先练气,气息是人体发声的动力,就像汽车上的发动机一样,它是发声的基础。气息的大小对发声有着直接的关系。气不足,声音无力,用力过猛,又有损声带。所以我们练声,首先要学会用气。

吸气:吸气要深,小腹收缩,整个胸部要撑开,尽量把更多的气吸进去。我们可以体会一下,你闻到一股香味时的吸气法。注意吸气时不要提肩。

呼气:呼气时要慢慢地进行。要让气慢慢地呼出。因为我们在演讲、朗诵、论辩时,有时需要较长的气息,那么只有呼气慢而长,才能达到这个目的。呼气时可以把两齿基本合上。留一条小缝让气息慢慢地通过。

这里应多做一些这样的练习:

(1)深吸一口气。数数,看能数多少。

(2)跑 20 米左右,然后朗读一段课文,尽量避免喘气声。

(3)按字正腔圆的要求读下列成语:

英雄好汉兵强马壮争先恐后光明磊落深谋远虑

果实累累五彩缤纷心明眼亮海市蜃楼优柔寡断

源远流长山清水秀

(4)教孩子读练口令

八面标兵奔北坡,炮兵并排北坡炮;炮兵怕把标兵碰,标兵怕碰炮兵炮;

哥挎瓜筐过宽沟,赶快过沟看怪狗;光看怪狗瓜筐扣,瓜滚筐空怪看狗;

洪小波和白小果,拿着箩筐收萝卜;洪小波收了一筐白萝卜,白小果收了一筐红萝卜;

不知是洪小波收的白萝卜多,还是白小果收的红萝卜多。

4. 教孩子复述法

复述法简单地说,就是把别人的话重复地叙述一遍。这种方法

在课堂上使用的较多。如老师让同学们看一段幻灯片，然后请同学复述幻灯片的情节或人物的对话。这种训练方法的目的，在于锻炼人的记忆力、反应力和语言的连贯性。

其方法是：选一段长短合适、有一定情节的文章。最好是小说或演讲辞中叙述性强的一段，然后请朗诵较好的同学进行朗读，最好能用录音机把它录下来，然后听一遍复述一遍，反复多次地进行。直到能完全把这个作品复述出来。复述的时候，你可把第一次复述的内容录下来，然后对比原文，看你能复述下多少，重复进行，看多少遍自己才能把全部的内容复述下来。这种练习绝不单单在于背诵，而在于锻炼语言的连贯性。如果能面对众人复述就更好了，它还可以锻炼你的胆量，克服紧张心理。

5. 教孩子模仿法

孩子从小就会模仿，模仿大人做事，模仿大人说话。其实模仿的过程也是一个学习的过程。我们小时候学说话是向爸爸、妈妈及周围的人学习，向周围的人模仿。那么我们练口才也可以利用模仿法，向这方面有专长的人模仿。这样天长日久，我们的口语表达能力就能得到提高。

其方法是：

(1)模仿专人。在生活中找一位口语表达能力强的人，请他讲几段最精彩的话,录下来,供你进行模仿。你也可以把你喜欢的、又适合你模仿的播音员、演员的声音录下来,然后进行模仿。

(2)随时模仿。我们每天都听广播,看电视、电影,那么你就可以随时跟着播音员、演播员、演员进行模仿,注意他的声音、语调,他的神态、动作,边听边模仿,边看边模仿,天长日久,你的口语能力就得到了提高。而且会增加你的词汇,增长你的文学知识。

这里要求要尽量模仿得像,要从模仿对象的语气、语速、表情、动作等多方面进行模仿,并在模仿中有创造,力争在模仿中超过对方。

6. 描述法

小的时候我们都学过看图说话,描述法就类似于这种看图说话,只是我们要看的不仅仅是书本上的图,还有生活中的一些景、事、物、人,而且要求也比看图说话高一些。简单地说,描述法也就是把你看到的景、事、物、人用描述性的语言表达出来。

7. 角色扮演法

角色一词,我们也是从戏剧、电影中借用来的。是指演员扮演的戏剧或电影中的人物。我们这里的角色,与戏剧、电影中讲的角色,有着相同的意义。

角色扮演法,就是要我们学演员那样去演戏,去扮演作品中出现的不同的人物，当然这个扮演主要是在语言上的扮演。

其方法是：

(1)选一篇有情节、有人物的小说、戏剧为材料。

(2)对选定的材料进行分析，特别要分析人物的语言特点。

(3)根据作品中人物的多少，找同学，分别扮演不同的人物角色。比比看，谁最能准确地扮演自己的角色。

(4)也可一个人扮演多种角色，以此培养自己的语言适应力。

这种训练的目的，在于培养人的语言的适应性、个性，以及适当的表情、动作。

8. 讲故事法

孩子都听过故事，但是不是都讲过故事呢？讲故事看起来很容易，要真讲起来就不那么容易了，常言说："看花容易，绣花难"呀！听别人讲故事绘声绘色，很吸引人，有些朋友听起故事来甚至都可以忘了吃饭、睡觉，可是自己一讲起来，仿佛就不是那么回事了，干干巴巴，毫无吸引力。因此，讲故事也是一种才能，并不是人人都可以把故事讲好的。学习讲故事是练口才的一种好方法。

9. 实战训练

当孩子在不同场合、面对不同观众当众发言时，如果由于紧张怯场、面红耳赤、大脑空白、思维混乱、语无伦次；重点不明、言之无物、条理不清；无文采，无新意；缺乏感染力、吸引力，说服力……时，礼语演讲与口才培训学校通过大量多场景（教室、公园、广场、公交车站、公交车上）、多观众（100~150 多名陌生观众）、多主题（命题发言、即席发言）、多实践（每人 60 多次）体验式的 3A 核能实战训练，帮您解决敢讲、巧讲的问题。

最后一句，训练口才并不是一朝一夕的事情，要坚持不懈，祝大家成功。

（三）教孩子 30 天口才训练的计划

目标：锻炼最大胆的发言，锻炼最大声的说话，锻炼最流畅的演讲。

给他激励誓言：一定要最大胆地发言，一定要最大声地说话，一定要最流畅地演讲。

目标实现时间：30 天

1. 积极心态训练（20 分）

（1）暗示：每天清晨默念 10 遍“一定要最大胆地发言，一定要最大声地说话，一定要最流畅地演讲。我一定行！今天一定是幸福快乐的一天！”（平常也自我暗示，默念或写出来，至少 10 遍。）（10 分）

（2）想象训练：至少 5 分钟想象自己在公众场合成功的演讲，

想象自己成功。(5 分)

(3)至少 5 分钟在镜前学习微笑,展示自己的手势及形态。(5 分)

2. 口才锻炼(60 分)

(1)每天至少 10 分钟深呼吸训练。(10 分)

(2)抓住一切机会讲话,锻炼口才。(50 分)

①每天至少与 5 个人有意识地交流思想。(10 分)

②每天大声朗诵或大声讲至少 5 分钟。(10 分)

③每天训练自己"三分钟演讲"一次或"三分钟默讲"一次。(10 分)

④每天给亲人、同事至少讲一个故事或完整叙述一件事情。(10 分)

⑤注意讲话时的一些技巧。(10 分)

讲话前,深吸一口气,平静心情,面带微笑,眼神交流一遍后,开始讲话;勇敢地讲出第一句话,声音大一点,速度慢一点,说短句,语句中间不打岔;当发现紧张卡壳时,停下来有意识地深吸口气,然后随着吐气讲出来;如果表现不好,自我安慰:"刚才怎么又紧张了? 没关系,继续平稳地讲";同时,用感觉和行动上的自信战胜恐惧;紧张时,可以做放松练习,深呼吸,或尽力握紧拳头,又迅速放松,连续 10 次。

3. 辅助锻炼(20 分)

(1)每天至少 20 分钟阅读励志书籍或口才书籍,培养自己积极心态,学习一些技巧。(4 分)

(2)每天放声大笑 10 次,乐观面对生活,放松情绪。(4 分)

(3)训练接受他人的视线、目光,培养自信和观察能力。(4 分)

(4)培养微笑的习惯,要笑得灿烂、笑得真诚,锻炼亲和力。(4 分)

(5)学会检讨,每天总结得与失,写心得体会。每周要全面总结成效及不足,并确定下周的目标。(4 分)

第七章
孩子兴趣爱好的培养

一、孩子的兴趣爱好

兴趣爱好指兴致，对事物喜好或关切的情绪。心理学指人们力求认识某种事物和从事某项活动的意识倾向。它表现为人们对某件事物、某项活动的选择性态度和积极的情绪反应。兴趣在人的实践活动中具有重要的意义，可以使人集中注意，产生愉快紧张的心理状态。

（一）含义

兴趣以需要为基础。需要有精神需要和物质需要，兴趣基于精神需要（如对科学、文化知识等）。人们若对某件事物或某项活动感到需要，他就会热心于接触、观察这件事物，积极从事这项活动，并注意探索其奥秘。兴趣又与认识和情感相联系。若对某件事物或某项活动没有认识，也就不会对它有情感，因而不会对它有兴趣。反之，认识越深刻，情感越炽烈，兴趣也就会越浓厚。

（二）意义

兴趣对人的认识和活动会产生积极的影响，有利于提高工作的质量和效果。兴趣具有社会制约性，人所处的历史条件不同，社会环境不同，其兴趣就会有不同的特点。

（三）种类

人的兴趣是多种多样的，但概括起来又可以分为三大类：

第一，物质兴趣和精神兴趣。物质兴趣主要指人们对舒适的物质生活，（如衣、食、住、行方面）的兴趣和追求；精神兴趣主要指人们对精神生活，（如学习、研究、文学艺术、知识）的兴趣和追求。就中学生来说，由于人生观和世界观尚未完全形成，无论物质兴趣和精神兴趣都需要师长进行积极的引导，以防止在物质兴趣方面的畸形发展，在精神兴趣方面的消极发展和追求。

第二，直接兴趣和间接兴趣。直接兴趣是指对活动过程的兴趣。例如，有的中学生想象力丰富，富于创造性，喜欢制作各种模型，在制作过程中，全神贯注，表现出浓厚的兴趣；间接兴趣主要指对活动过程所产生的结果的兴趣。有的中学生业余喜欢绘画，每当完成一幅画，他都会对自己取得的成果表现极大兴趣。直接兴趣和间接兴趣是相互联系、相互促进的，如果没有直接兴趣，制作各种模型的过程就很乏味、枯燥；而没有间接兴趣的支持，也就没有目标，过程就很难持久下去，因此，只有把直接兴趣和间接兴趣有机的结合起来，才能充分发挥一个人的积极性和创造性，才能持之以恒，目标明确，取得成功。

第三，个人兴趣和社会兴趣。个人兴趣是个体以特定的事物、活动及人为对象，所产生的积极的和带有倾向性、选择性的态度和情绪。社会兴趣指社会成员对某一领域的普遍兴趣，或社会某一领域对社会成员的普遍需求。

（四）特征

兴趣是一种无形的动力，当我们对某件事情或某项活动有兴趣时，就会很投入，而且印象深刻。

每个人都会对他感兴趣的事物给予优先注意和积极地探索，并表现出心驰神往。例如，对美术感兴趣的人，对各种油画、美展、摄影都会认真观赏、评点，对好的作品进行收藏、模仿；对钱币感兴趣的人，会想尽办法对古今中外的各种钱币进行收集、珍藏、研究。

兴趣不只是对事物的表面的关心，任何一种兴趣都是由于获得这方面的知识或参与这种活动而使人体验到情绪上的满足而产生的。例如，一个人对跳舞感兴趣，他就会主动地、积极寻找机会去参加，而且在跳舞时感到愉悦、放松和乐趣，表现出积极而自觉自愿。

兴趣不只是和个人的认识和情感密切联系着的。如果一个人对某项事物没有认识，也就不会产生情感，因而也就不会对它发生兴趣。相反，认识越深刻，情感越丰富，兴趣也就越深厚。例如集邮，有的人对集邮很入迷，认为集邮既有收藏价值，又有观赏价值，它既能丰富知识，又能陶冶情操，而且收藏的越多，越丰富，就越投入，越情感专注，越有兴趣，于是就会发展成为一种爱好。兴趣是爱好的前提，爱好是兴趣的发展和行动，爱好不仅是对事物优先注意和向往的心情，而且表现某种实际行动。例如，对绘画感兴趣，而且由喜欢观赏发展到自己动手学绘画，那么就对绘画有了爱好。

兴趣和爱好是受社会性制约的，不同的环境、不同的阶级、不同的职业、不同的文化层次的人，兴趣和爱好都不一样。有的人兴趣和爱好的品味比较高，有的人的兴趣和爱好的品味比较低，兴趣和爱好品味的高低会直接影响和表现一个人的个性特征的优劣。

例如，对公益活动感兴趣，乐于助人，对高雅的音乐、美术有兴趣和爱好，反映了一个人个性品质的高雅；反之，对占小便宜感兴趣，对低级、庸俗的文艺作品有兴趣和爱好，则表现了一个人个性的低级。

兴趣和爱好有时也受遗传的影响，父母的兴趣和爱好也会对孩子有直接的影响。

年龄的变化和时代的变化也会对人的兴趣产生直接影响。就年龄方面来说，少儿时期往往对图画、歌舞感兴趣，青年时期对文学、艺术感兴趣，成年时往往对某种职业、某种工作感兴趣。它反映了一个人随着年龄的增长、知识的积累，兴趣的中心在转移。就时代来讲，不同的时代，不同的物质和文化条件，也会对人的兴趣的变化产生很大的影响。

但不管人的兴趣是什么，都是以需要为前提和基础的，人们需要什么也就会对什么产生兴趣。由于人们的需要包括生理需要和社会需要或物质需要和精神需要，因此人的兴趣也同样表现在这两个方面。人的生理需要或物质需要一般来说是暂时的，容易满足。例如，人对某一种食物、衣服感兴趣，吃饱了、穿上了也就满足了；而人的社会需要或精神需要却是持久的、稳定的、不断增长的，例如人际交往、对文学和艺术的兴趣、对社会生活的参与则是长期的、终生的，并且不断追求的。兴趣是在需要的基础上产生的，也在需要的基础上发展的。中学生需要知识，他的知识越多，他的兴趣也就越广泛，越浓厚。

（五）品质

兴趣有 4 种品质，包括：

1. 兴趣的倾向性，指兴趣所指向的内容。是指向物质的，还是指向精神的；是指向高尚的，还是指向卑劣的内容。

2. 兴趣的广度，指兴趣的范围大小。有人兴趣广泛，有人兴趣狭窄。一般说来，兴趣广泛的人能获得广博的知识。

3. 兴趣的稳定性，指兴趣长时间保持在某一或某些对象上。只有具备了稳定性，一个人才可能在兴趣广泛的背景上形成中心兴趣，使兴趣获得深度。

4. 兴趣的效能，是指兴趣对活动发生作用的大小。凡是对实际活动发生的作用大的兴趣其效能作用也大，反之，对实际活动发生作用小的其兴趣的效能作用也小。

（六）作用

兴趣对一个人的个性形成和发展、对一个人的生活和活动有巨大的作用，这种作用主要表现在以下几个方面：

1. 对未来活动的准备作用。例如，对于一名中学生来说，对化

学感兴趣，就可能激励他积累各种化学知识，研究各种化学现象，为将来研究和从事化学方面的工作打基础，做准备。

2. 对正在进行的活动起推动作用。兴趣是一种具有浓厚情感的志趣活动，它可以使人集中精力去获得知识，并创造性地完成当前的活动。美国著名华人学者丁肇中教授就曾经深有感触地说："任何科学研究，最重要的是要看对自己所从事的工作有没有兴趣，换句话说，也就是有没有事业心，这不能有任何强迫。……比如搞物理实验，因为我有兴趣，我可以两天两夜、甚至三天三夜在实验室里，守在仪器旁，我急切地希望发现我所要探索的东西。"正是兴趣和事业心推动了丁教授所从事的科研工作，并使他获得巨大的成功。

3. 对活动的创造性态度的促进作用。兴趣会促使人深入钻研、创造性的工作和学习。就中学生来说，对一门课程感兴趣，会促使他刻苦钻研，并且进行创造性的思维，不仅会使他的学习成绩大大提高，而且会大大地改善学习方法，提高学习效率。

由此可知，人的兴趣不仅是在学习、活动中发生和发展起来的，而且又是认识和从事活动的巨大动力。它可以使人智力得到开放，知识得以丰富，眼界得到开阔，并会使人善于适应环境，对生活充满热情。兴趣确实对人的个性形成和发展起巨大作用。

(七)培养

首先要有浓厚的好奇心。对于未知的事物应该付诸行动去接触它,像是电脑游戏很好玩,是怎么设计出来的呢?日全食是不是真的是天狗吃日?要消解这些问号,进一步去钻研计算机书籍或翻阅百科全书,兴趣的开端搞不好就这么产生了。

再次就是不间断。有人吉他弹得很好,但若半年不弹,技巧铁定退步,同样的,要培养一份兴趣,也要不断去熟悉它,渐渐地让它成为生活的一部分,每天碰一点,久了自然会上瘾,如果只是选择性的初一、十五玩一下,那是很难变成自己兴趣的;许多男生喜欢打篮球,只要一天没得打,就会全身不对劲,那是因为篮球已经是他们生活中的兴趣,戒不掉啦。

深入的研究也是培养兴趣的要素之一,假使你每天固定一小时玩计算机,但只是随便消磨时间,没有设定一个目标来研究,是引不出兴趣来的,不过是不断地重复一样的动作罢了,但假使你锁定一个主题,譬如计算机绘图软件的认识,有了深入的方向,不怕问题难,越难越便于鼓起勇气,一层一层地往前追,一定就像倒吃甘蔗般,滋味越来越甜美。

除此之外,找朋友也是很重要的。校园的一些社团,就是为志趣相同的学生共同学习的学生而设立,因为一个人即使对某样活动兴致盎然,也会有停摆的时候,此时,朋友就可从旁鼓励协助,而且,如果朋友是比你厉害的角色,还可能刺激你更上一层楼。

二、培养天才的起点,激发兴趣

日本的木村久一曾经说过:“如果孩子的兴趣和热情得以顺利发展,就会成为天才。”遗憾的是,许多父母对幼儿进行早期教育的过程中,往往忽视幼儿兴趣的培养,在孩子的许多兴趣刚刚萌芽时便将它无情地扼杀了。其实,幼儿只要智力正常,极易对周围的事物产生兴趣。因此,父母要充分利用这一特点,从小开始积极引发、培养孩子的兴趣。

(一)最初的兴趣

最开始引起幼儿兴趣的往往是与他的生存有关的,能够在生理、心理上得到满足和快感的事物。如:可口的食物,适度的光亮,宜人的温度,对皮肤轻柔和抚摸等,这些能直接使人愉悦的外界刺激,都能引起婴儿的兴趣。

(二)兴趣的发展

随着生活经验不断丰富,孩子会对一些与愉悦刺激有关的事物或经验,以及能引起他联想的事物产生兴趣。如:幼儿喜欢玩玩具,当他知道有些玩具是可能用手工制作的,他便会对手工制作产生兴趣。

(三)兴趣的选择

孩子对具体事物或经验的兴趣,可能会随孩子知识的丰富,能力的增强而发展成对某类事物或经验的兴趣。比如:孩子开始可能只对听故事有兴趣,后来逐步发展到对故事书产生兴趣,进而将兴趣扩展到其他文学作品的阅读乃至文学创作的兴趣方面。

事实研究表明,孩子童年时期的兴趣,在一定程度上决定孩子未来事业发展的方向。孩子对某事物的深厚兴趣,往往会成为他在该方面取得成功的先导。

父母可以从如下一些方面从小培养孩子的兴趣:

1. 为发展孩子的兴趣和爱好创造条件

孩子的兴趣往往是在广泛的探索活动中产生和发展的。父母要多带孩子进行户外活动,如带孩子外出游泳参观,带孩子观看各种竞技表演和比赛, 鼓励孩子参加各种有益的社会活动和集体活动,让孩子广泛接触社会,全面了解生活,为孩子接触各种事物提供机会,以此培养孩子广泛的兴趣与爱好。

2. 发展孩子已有的兴趣

父母在生活中，要留心观察，注意发现孩子已有的兴趣，并采取有效措施去引导和发展孩子的兴趣。父母可引导孩子进行观察学习，提问让孩子思考，给孩子提供有关的知识信息，耐心地回答孩子的提问等。例如，父母发现孩子对风、云、雨、雪等自然现象发生时表现出兴趣，就可以给孩子讲有关的神话传说，用通俗易懂的语言告诉孩子这些现象形成的原因，并用生动形象的比喻来帮助孩子理解，让孩子闻其未闻、见其未见，激发兴趣，并在此基础上引导孩子去注意其他自然现象，教他新的自然科学知识，使其兴趣扩展到整个自然科学领域。

3. 培养孩子的基本兴趣

对学前儿童来说，特别要注意培养孩子的阅读兴趣和激发孩子对科学的兴趣。

(1)从小培养阅读兴趣

书籍促进人从野蛮到文明，从庸俗到崇高。古人曾云：“开卷有益。”事实正是这样，读书愈多，愈富于睿智，愈具有眼光。

首先，父母应当为孩子提供一个充满读书气氛的家庭环境。例如：父母以身作则，在劳动之余、闲暇之时看书阅读，让孩子从小受到熏陶，在这样的环境中受到潜移默化而对书籍产生兴趣。

其次,为孩子提供各种阅读材料,如:图画书、童话故事书、儿歌等书籍杂志,内容可丰富一些,范围可广一些。另外,路标、店名、广告标语、简单的玩具说明书都可作为孩子的阅读材料。

最后,从孩子稍能听懂母亲说话时,父母就要开始给孩子读故事书、念儿歌,接着就让孩子试着跟读,经过多次练习,孩子就能背出故事,并能将背出的故事与图书上的文字对应起来。慢慢地,孩子发现自己能读书了,他就会对读书产生兴趣。随着识字量的增加,孩子就能自己阅读那些有趣的图画书。

贴心提示:孩子在读书的过程中,往往会碰到很多不认识的字,不明白的内容而拿着书向父母请教。父母要耐心解答孩子的提问,对他不懂就问的行为加以表扬,切不可用不耐烦的态度去应付孩子或是拒绝孩子的要求,以防打消孩子的阅读积极性。

(2)培养孩子爱科学

科学技术是促进社会发展的动力,父母要注意从小培养孩子对科学的兴趣。小孩子对周围的世界充满了好奇心。看到一些事物,他常会天真地问:“小鸡娃有妈妈和爸爸吗?”、“月亮有家吗”、“为什么大树冬天要落叶子”等等。这些都说明孩子对这些事物产生了兴趣,家长如果认真给予回答,孩子的兴趣就能得到保护。遇到这样的情况,父母及时、耐心地解答孩子的提问,并根据孩子的年龄特征及能力，提出适当的问题启发孩子思考，慢慢地诱导孩子对科学产生兴趣。

另外，为培养孩子对科学的兴趣，父母可为孩子准备一些玩具材料，如木块、条形磁铁、小瓶、小石头、各种纸等，让孩子经常摆弄，逐渐认识它们。

如果有时间，父母还可以同孩子一起做些小实验，诱导孩子去思考、去探索、去发现。孩子将乒乓球表面弄凹下去了，你可教孩子把凹下去的一面放在开水里烫，让它重新鼓起……以此吸引孩子的兴趣点，从而鼓励他们去探索“未知世界”。

4. 留意并培养孩子的特殊兴趣与爱好

除了培养孩子的基本兴趣外，父母还要注意孩子的特殊兴趣，如音乐、绘画、体育、棋类等。儿童的特殊才能往往存在于孩子的特殊兴趣之中，特殊兴趣很有可能是孩子某种天赋的表现。父母要注意留心观察孩子还处于萌芽状态的特殊兴趣爱好，并加以爱护和培养，使之不断发展成熟。

事实上，尽管很多孩子的特殊兴趣会随孩子的生活经验和年龄增长而逐渐消退或减弱，只有极少数人在后天努力下能够出类拔萃，甚至成为一代名家。但发展孩子的特殊兴趣能培养孩子和谐自由的个性，最大限度地发展孩子的潜在能力，为童年生活增添乐趣，为孩子日后的生活提供更丰富的内容和更多的娱乐方式。因此,父母还是应该用心培养孩子的特殊爱好和兴趣。

另外,兴趣和好奇心有密切的关系,兴趣能促进好奇心的发展,好奇心能促使兴趣的产生。因此,在培养兴趣的同时,还要注意好奇心的培养与引导。

三、如何在孩子的儿童时期培养兴趣的幼芽

儿童心理学表明,孩子从一出生,就是一个对环境有着浓厚兴趣的积极探索者。面对五彩缤纷的世界,觉得一切都是那么新奇与神秘,这种新奇感与神秘感激发了他探索世界的兴趣,促使他去寻找答案,学到了任何人也代替不了的知识,促进了各方面智力的发展。也许有人会质问,既然孩子对万物有这么多的兴趣,为什么到后来这种探索世界的热情消失了呢?或者说我怎么看不到他身上存在哪些兴趣呢?

兴趣的发展有三种情况：一种是自觉地延续，凭着这种强烈的、旺盛的、持续的求知欲,不断主动地学习,巩固和发展这种兴趣,当然还要父母最基本的支持;一种是自发地熄灭,当失去好奇

心的时候,或没有新的刺激、没有良好的环境激发的时候,兴趣也就象转瞬即逝的火花一样消失了;一种是人为的阻碍,这通常表现为被一些不懂儿童心理学、没有家庭教育观念的家长们轻易地扼杀在摇篮之中了。可见,孩子一开始对事物产生的兴趣就象还在孕育中的幼芽,脆弱而又不稳固,稍不加注意就会被不留心的家长忽视或踩死;若不去给它浇灌施肥,不去小心呵护,就会夭折。这样的话,当然觉得自己的孩子对什么都没兴趣了。

而兴趣却是学习的动力, 成功的基石。美国心理学家伯克曼说:"兴趣是人们行为的动力。"有了某种兴趣,才能积极地、主动地、充满热情地去发展这种行为。纵观瞩目举世的科学家的童年,如达尔文整日观察花鸟虫鱼, 牛顿看苹果落地, 爱迪生孵蛋的故事,诺贝尔对火药的着迷,就说明了他们从小对未知世界产生强烈的兴趣,推动着他们不断学习探索研究,说明了童年时代产生的兴趣导致一个人将来的成功。既然儿时的兴趣这么重要,又这么不易维持,父母们该如何去发现、挖掘、培育兴趣的幼苗,使之长成参天大树。

及时强化巩固,不断创造环境。当发现了这种兴趣亮点时,家长就要不失时机地把它挖掘出来,创设各种情境或条件加以引导,有意识地去培养,以巩固延续这种兴趣的幼芽。比如,对于爱拆拼东西的孩子，家长应多买些拆拼玩具，如积塑、插片、变形金刚等，孩子爱玩泥巴，就给他买橡皮泥，去引导他展开想象的翅膀去构筑他心目的城堡；总爱问为什么的孩子，父母要给予耐心的引导、解答，并尽量引向书本。

对于兴趣的培养，还要注意以下几点：

1. 培养一项兴趣不易，巩固一项兴趣使之长久，更不易。孩子的注意力极为短暂，兴趣容易转移，"朝三暮四"是常有的现象，也许此一时渐趋冷淡，彼一时又重燃热情。这时家长就要开动脑筋，不断变换方法，创造多种环境，采用寓教于乐的方式，以继续延续发展这种兴趣，直到让这种兴趣深植于心。切不可看到孩子一时对某种兴趣的减退自己就先打退堂鼓。

2. 不管培养起什么样的兴趣，它都是一项长期工程，贯串整个未成年期。

父母在培养兴趣时，要以发展的、动态的、乐观的眼光来正确看待孩子的兴趣问题。要有足够的耐心，不急不躁，做到"润物细无声"，只求过程，不问结果；只管默默耕耘，不要锱铢必较。

3. 对待孩子正在发展中的兴趣，父母要多鼓励少批评，让他体验其中的乐趣，成功的喜悦，有了快乐感，才有继续探究的动力和热情；多启发思考，少给现成答案，不断激发他的好奇心，推动他不断向前探索。

4. 要客观对待兴趣问题。并不是所有的兴趣火花一定都能变成成功的播种机，但是，多发现一种兴趣，就多一条通向成功的路，多培养一种兴趣，就多一项生活的乐趣。做父母的应尽的责任，不是考虑这种兴趣幼芽能否长成参天大树，而是要以最大的努力去播种它、栽培它，使它尽量长成大树。

只要有童年就有兴趣，只要有游戏就有兴趣，兴趣无所不在，也无所奇不有，它就潜藏在孩子的生活当中，每个孩子身上都闪耀着各种兴趣的火花，就看父母有没有一双善于发现兴趣的眼睛，有没有一双抓住兴趣的手，有没有一份引导兴趣的技巧，有没有一份培养兴趣的耐心。

四、家长应如何培养孩子的兴趣、爱好和特长

家长应如何培养孩子的兴趣、爱好和特长呢？

(一)平时注意观察孩子的活动，发现其兴趣和天赋，善加引导

孩子刚刚接触世界，对世上一切都感到非常新奇，他们有着旺盛的求知欲和爱美欲。由于个体的差异性，不同的孩子对事物的兴

趣千差万别,如有的孩子喜欢音乐,小小年纪,对音符有近乎完美的感受,能准确地唱出每个音符;有的孩子爱好美术,不管在什么环境,他们都能随意地画起来,衣服、纸张、地面、墙壁都是他们的画纸;有的孩子记忆力强,对读过的书,看过的画过目不忘;有的孩子对各种昆虫和各种小动物有着特殊的感情,有时会为了死去一只小猫而几餐吃不下饭,等等。凡此种种,都是孩子最初表现出来的对某一种事物的兴趣或在某一方面的天赋,做父母的不能熟视无睹或等闲视之,更不能横加指责、盲目否定,而应该细心观察,发现他们的兴趣和天赋,因势利导,因材施教,使孩子的兴趣沿着积极、健康的方向发展。

世界著名数学家、物理学家高斯小时候是一个非常调皮、淘气的孩子,在一次偶然的机会,老师发现了这位数学天才。那天,老师出了一道算术题:1+2+3+4+…+50 = ?不到 5 分钟,高斯就举手说出了问题的答案,他表现出杰出的数学才能。从此,教师专门为高斯制定了培养计划,终于使他走上成功之路。试想,如果当时老师对一贯调皮、淘气的高斯置之不理,另眼相看,其结果会怎么样呢?高斯又怎么会有以后的辉煌呢?

(二)经常与孩子交流思想感情,尊重其兴趣、爱好

孩子对于"万花筒"式的大千世界,是以自己美妙、奇异的幻想

去感受的，与它们同欢共乐，并由此对世上万物发生浓厚的兴趣。如有的孩子对刚买的新衣、新鞋总是非常喜欢，不厌其烦地穿了脱，脱了穿，摸摸这，摸摸那；也有的孩子为了得到自己喜欢的玩具，如变形金刚、飞机模型等，宁愿放弃好吃的东西。有一位男孩特别喜欢橡皮泥，他的房间里、桌子上、床头堆满了各式各样用橡皮泥捏的小动物。妈妈嫌他把屋子弄脏、弄乱了，于是在帮他收拾屋子时，把橡皮泥玩具全部扔了，结果使小男孩大哭一场，几顿饭都没吃。这说明做父母的不能仅凭自己的爱好，按照自己的主观意愿，对孩子横加干涉，而应该尊重孩子的意愿，经常抽时间陪他们一起游戏、活动，与他们交流感情，走进孩子们的游戏王国，去发现他们的才能和兴趣，并加以正确引导。否则，只会适得其反，欲速不达，扼杀孩子的个性。社会上不是曾发生过为了拒学钢琴，孩子自残双手的悲剧吗？这说明孩子的兴趣发展受到胁迫阻碍时，就会产生过重的心理压力，严重影响孩子的身心健康，我们做家长的应引以为戒。

（三）在生活中培养孩子的兴趣、爱好和特长

孩子从产生某种兴趣，到形成爱好，到发展成一定的特长，应该说是有一个过程的，我们家长不能急于求成，而必须注意在生活

中逐渐培养孩子的兴趣、爱好和特长。

1. 应营造氛围，激发动机。文学巨匠鲁迅曾说："读书人家的孩子熟悉笔墨，木匠的孩子会玩斧凿，兵家儿早识刀枪。"鲁迅先生自己小时候生活的家庭环境，就有一种很好的文学氛围，他从小熟读李白、白居易、陆游等人的诗歌以及中国古典名著《西游记》等，为他后来走上文学之路奠定了坚实的基础。如果想培养孩子读书的兴趣，那么父母就应该常带孩子逛书店、买书，并经常在家里读书看报，向孩子讲述书中有意思的故事、娱乐性的内容或科普知识等。经过长期的耳濡目染，孩子自然就会产生对报刊、书籍的兴趣，从而把家长的愿望变成孩子自觉的行动。

记得有人曾说，属于孩子自觉想干的事情，其能力就能轻易地、牢固地为孩子所获得。如果你想培养孩子对拉琴或弹琴的兴趣，除了营造一种家庭的艺术氛围，使之受到潜移默化的影响外，还应把重点放在激发孩子的学习动机上。铃木是日本著名的小提琴教育家，为了培养孩子学琴的兴趣，他十分注意激发孩子学琴的动机。他先让孩子一边玩，一边看别的孩子练琴，当孩子看到别人都有琴，而自己什么也没有时，就产生了一种想要得到琴的愿望，尽管如此，铃木先生并不急于满足孩子的愿望，而是给他一把不出

声的琴，让其练习拉琴姿式、指法等。过一段时间后，孩子拉琴的愿望越来越强烈，这时，铃木先生才满足其愿望。所以，营造氛围、激发动机是培养孩子兴趣、爱好和特长的准备阶段，做家长的不可忽视。

2. 家长要努力提高自己的艺术修养。由于各种原因，有些父母错过了学习的机会，有的是“科盲”，有的是“音乐盲”，有的是“美术盲”等等。他们不愿孩子也像自己一样缺乏艺术修养，因此，往往自己省吃俭用为孩子买来各种绘画书籍，买来各种乐器，请来家庭教师，千方百计地培养孩子的兴趣、爱好和特长。这固然是必要的，但是家长自身的修养对培养孩子的兴趣、爱好和特长也有着重要影响。如果家长的文化素质偏低，艺术修养欠缺，就很难给孩子带来美的启迪和艺术熏陶。试想，如果家长自己不读书，不看报，不去剧院，不喜欢美术展览，不爱听音乐，怎么能要求自己的孩子获得艺术细胞，对此产生兴趣，并且爱好它呢？父母是孩子的镜子，孩子是父母的影子，家长的一言一行和一举一动都将化成涓涓细流，一点一滴渗入孩子的心灵，成为培养孩子的兴趣、爱好和特长的催化剂。

3. 要善于对孩子进行表扬和鼓励。无论孩子表现得多么笨拙，无论他把事情做得多么糟糕，做家长的都不要求全责备，而应该细心引导,从心理上给予孩子关心和鼓励,保护和激发孩子的兴趣。如孩子在房间画画,将地面弄得很脏时,家长千万不要大发雷霆,也不要因为孩子画得达不到要求而漠不关心,甚至加以制止。而应时时关心、询问,给予肯定性评价,加以鼓励。还应为孩子提供必要的绘画环境和绘画工具,最好抽时间参与孩子的绘画,一起欣赏孩子的绘画作品,甚至可以用孩子的画装饰、布置房间。这样可以增强孩子的自信心,激励他把画画得更好。久而久之,绘画就会成为孩子生活的一部分,当一名画家将成为他的梦想。

总之,培养孩子兴趣、爱好和特长的方式、方法很多,不能一概而论,每位家长应根据自身不同的条件和孩子的不同表现,因人而异,因材施教,这样才能获得成功。

五、家长应怎样善待孩子的兴趣

孩子虽小,但他们也有着鲜活的思想和情感,有自己的兴趣。孩子的兴趣有一定的年龄特点, 如一岁左右的孩子对撕纸乐此不疲,而两三岁的孩子则热衷于玩水等。

孩子的兴趣表现出一定的不稳定性,会随着时间的推移而有所改变,不久前还很感兴趣的东西,现在已经“靠边站”,让位给其它更感兴趣的事物了。

孩子的兴趣还有一定的可塑性。常听父母报怨说,孩子对什么都感兴趣,就是对学习不感兴趣。其实不然,只要用合适的方法引导,孩子的兴趣在一定程度上是可以塑造和改变的。

孩子的兴趣具有广泛性。从一定意义上说,孩子的兴趣就好像孩子的胃一样,生来就已经准备好接受任何“食物”,只是由于经过外界环境长期潜移默化的熏陶,而对不同的事物表现出的兴趣程度不同而已。

既然兴趣因人而异,那么,父母就应该接受这样的事实:孩子的兴趣和我们的兴趣完全是两回事,两者之间完全是独立的。即使孩子的兴趣显得简单、幼稚,我们也不能因此而无视它的存在。成人需要做的是,主动积极地接受孩子的兴趣,尊重孩子自己的兴趣,而不是把我们的兴趣强加在孩子身上,还可以积极地创造一定的条件和空间,鼓励孩子发展自己的兴趣。实际上,尊重孩子的兴趣就是让孩子拥有快乐,就是我们给孩子的最好礼物。发展孩子的兴趣就是给孩子提供了成长的沃土。

孩子的兴趣是一种非常宝贵的资源。保护孩子的兴趣是为了更好地合理开发、利用它,任何形式的不尊重、限制或否定态度都不利于保护孩子的兴趣,同样,对孩子的兴趣进行任何形式的过度挖掘都是竭泽而渔,都是极不负责任的行为。试想,我们自己对某事物感兴趣,但如果让我们长期沉浸其中,我们也会感到乏味的,更没有快乐可言。这如同爱吃的东西,天天吃,顿顿吃,最后也会败了胃口。将心比心,孩子的感受就可想而知了。

兴趣是在较大的生活背景下对其中某些事物的偏好和主动关注。趣味是吸引孩子关注的最佳方式,而快乐是维持孩子兴趣的稳定剂。抓住这两个环节,就掌握了培养孩子兴趣的金钥匙。不要让孩子在许多种兴趣之间穿梭,那样会使孩子应接不暇,疲于应付。不要指望孩子的兴趣会在一夜之间就奇迹般地开花,也别认为"狂轰乱炸"有利于培养孩子的兴趣,相反,那将破坏孩子的兴趣。

六、兴趣引导,快乐地学——如何规划课外时间

家长都在思考如何让孩子度过课余的时间,要科学的、快乐的度过。请看:

几乎所有的孩子都对一些事物有浓厚的兴趣。一只蚂蚁、一只

小鸟、一群蜜蜂或者是一条小鱼,会吸引孩子很长时间的注意力。要他们花20分钟去背诵一段名篇或一首小诗，常常是非常困难的。但他们会在没有任何督促和要求的情况下,花上一个下午去观察一群蚂蚁的活动。这几乎是每个父母都熟悉的情景,他们兴致勃勃,心无旁骛,即使太阳把背晒脱皮,或者汗水顺着脖子往下流也不在乎。这就是兴趣的力量。

然而,很多家长理智地、毫不怀疑地认为,即使让孩子花上一两年时间去这样与蚂蚁玩,他也不能增长多少知识,这时的关键就在引导。引导他从中去获得新的知识、方法和对孩子有益的习惯。孩子正是从“蚂蚁的课堂”开始了对他一生都有影响的知识之旅的。

当家长发现孩子开始在花园里对蚂蚁产生兴趣时，便也加入了他的“兴趣小组”。第一天,仅仅是看,是玩。看它们怎样把一粒面包屑搬回来,怎样跑回去报信,带来更多的蚂蚁……第二天,父母拟出了一份关于蚂蚁的“研究”计划:

1. 在“自然笔记”里开设蚂蚁的专页。

2. 从书本上更多地了解蚂蚁,并作上笔记。

3. 蚂蚁的生理特点:吃什么？用什么走路？用什么工作？

4. 蚂蚁群的生存特点:蚂蚁群有没有王?怎样分工?怎样培育小蚂蚁?

有了目标,孩子的兴趣更浓了。如果说开始他只是觉得好玩,那么现在他还觉得有意义了。这项研究持续了几乎一个夏天。实际上,在这份计划里,已溶入了系统获取知识的方法,还能培养孩子专注达到目标的意志。

类似这样的事一件又一件地"必然地"发生在孩子的身上。蚂蚁之后是鱼,鱼之后是鸟类,鸟类之后是蜜蜂。有趣的是,孩子不仅仅学习这些动物的一般知识,而且开始发现它们的一些"群类特点"。

父母在这种事上"所表现出来"的兴趣会使孩子获得肯定,而有目的的引导不知不觉地让孩子学会了求知的方法。

"兴趣是学习和求知最大的动力",这句古老的谚语今天和以后都不会过时。这不仅仅是一种方法,它所包含的是人类知识的一个古老而充满智慧的法则。同样,"引导是教育和培养孩子的最好的方法",这句话今天和以后也不会过时。

兴趣是孩子对事物的主动选择,引导则是促使和加强孩子的这种主动性,使兴趣变得持久、有目的。

遗憾的是,许多父母虽然对孩子有强烈的教育和培养的愿望,但常常会指责孩子的一些“没有用”的兴趣。父母们会按照社会或学校既定的模式去设计孩子的未来,并企图把孩子的兴趣与这些模式联系起来,企图把一些“有用”的兴趣保留,一些“没用”的则删除掉。而实际上,对于孩子的心智发展来说,很难用“有用”或“没用”去区别他们的兴趣。应该说,每一种兴趣对孩子的求知来说,都是有价值的,明智的父母总能利用这些兴趣把孩子引向各类知识的殿堂,并培养出孩子好的求知习惯。

所有的父母都应当知道,每一个孩子都会对不同的事物产生不同的兴趣,每一种兴趣都会引导孩子培养某种特长;所有的父母和老师也应该知道,世界上没有笨的孩子,只有方法不恰当的父母或老师。

就利用孩子的兴趣,通过引导的方式来开启和培养孩子的智力,给家长们提出了以下建议:

1. 当孩子对某件事物表现出兴趣时,不能简单地因为自己认为“没用”而指责、否定他。

2. 利用这种兴趣可能给他带来的快乐专注,从而使他获得与这一兴趣相关的知识。

3. 引导孩子通过自己查阅和请教别人的方式来获得知识。

4. 记录是使知识存留下来,并训练使用文字、图画、书籍的好办法。

5. 对于还不具备文字记录能力的孩子，父母也要给他准备一个笔记本,把题目写下来,让他口述。

6. 尽量不使用“任务”、“作业”这类词,而代之以有趣的开头。

家长少些逼孩子去学钢琴、学美术、学奥数......吧。首先要看他有没有这方面的兴趣,而且决不能给太高要求、太大压力,要抱着玩的心态,他有兴趣自然会投入精力提高。

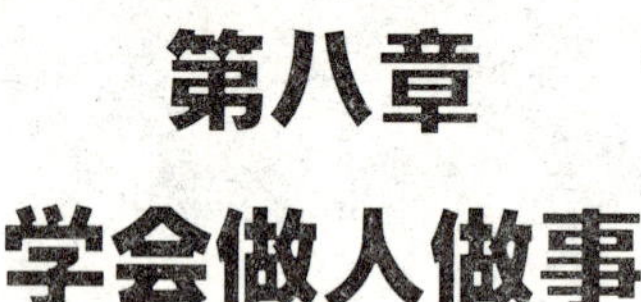

第八章 学会做人做事

一、生活教育需要创意

创意是传统的叛逆；是打破常规的哲学；是大智大勇的同义；是导引递进升华的圣圈；是一种智能拓展；是一种文化底蕴；是一种闪光的震撼；是破旧立新的创造与毁灭的循环；是宏观微照的定势，是点题造势的把握；是跳出庐山之外的思路，超越自我，超越常规的导引；是智能产业神奇组合的经济魔方；是思想库、智囊团的能量释放；是深度情感与理性的思考与实践；是思维碰撞、智慧对接；是创造性的系统工程；是投资未来、创造未来的过程。简而言之，创意就是具有新颖性和创造性的想法。

二、做人的基本原则

温家宝总理提出,一个人不管有多聪明,多能干,背景条件有多好,如果不懂得如何去做人、做事,那么他最终的结局肯定是失败。做人做事是一门艺术,更是一门学问。很多人之所以一辈子都碌碌无为,那是因为他活了一辈子都没有弄明白该怎样去做人做事。

每一个人生活在现实社会中,都渴望着成功,而且很多有志之士为了心中的梦想,付出了很多,然而得到的却很少,这个问题不能不引起人们的深思:你不能说他们不够努力,不够勤劳,可为什么偏偏落得个一事无成的结局呢?这值得我们每一个人去认真思考。

从表面上看,做人做事似乎很简单,有谁不会呢?其实不然,比如说你当一名教师,你的主观愿望是当好教师,但事实上却不受学生欢迎;你去做生意,你的主观愿望是赚大钱,可偏偏就赔了本。抛开这些表层现象,去发掘问题的症结,你就会发现做人做事的确是一门很难掌握的学问。

可以这么说，做人做事是一门涉及现实生活中各个方面的学问，单从任何一个方面入手研究，都不可能窥其全貌。要掌握这门学问，抓住其本质，就必须对现实生活加以提炼总结，得出一些具有普遍意义的规律来，人们才能有章可循，而不至于迷然无绪。

三、教孩子做人的九个好习惯

（一）教孩子积极选择的习惯

有一位女士叫塞尔玛，她随丈夫去从军。没想到，部队驻扎的地方在沙漠地带，住的是铁皮房子，她与周围的印第安人、墨西哥人语言不通，当地气温很高，在仙人掌的阴影下都是摄氏 52 度。更糟糕的是，后来她的丈夫奉命远征，只留下她孤身一人。因此她整天愁眉不展，度日如年。没办法，她只好写信给父母。

好不容易盼来了回信，急忙打开一看，塞尔玛大失所望。父母既没有安慰她，也没说叫她赶快回去，上面只有三行字："两个人从监狱的铁窗往外看，一个看到的是地上的泥土，另一个看到的却是天上的星星。"塞尔玛反复看，反复琢磨，终于明白了父母的苦心，原来父母是希望她不要总是消极地看问题。

于是,她开始主动和那些印第安人、墨西哥人交朋友,结果使她十分惊喜,因为她发现他们都十分好客、热情;她又开始研究沙漠里的仙人掌,并做了详细的观察笔记,这时她惊奇地发现那些仙人掌千姿百态,使人沉醉着迷;她欣赏沙漠的落日,感受沙漠里的海市蜃楼。经过这样的改变,塞尔玛发现周围的一切都变了,变得使她每天都仿佛沐浴在春光里。

这是为什么?沙漠还是原来的沙漠,铁皮房还是那个铁皮房,印第安人、墨西哥人也都没有改变,因为她的内心发生了改变。过去她习惯选择消极的一面,现在她习惯选择积极的一面去看问题。后来,她根据自己的亲身经历写了一本书叫《快乐的城堡》,引起了很大的轰动。

积极的心态、积极的选择对每个人来说都非常重要,因为任何事情都有两面——积极的和消极的。每个人也都有优点和缺点,这也是两面。既然有两面,就需要我们去选择。我们看见邻居,是微笑招呼还是形同陌路?清晨是立刻起床还是睡懒觉?无数人成功的事例告诉我们,积极的选择可以帮助人树立自信,克服自卑,还可以帮助人克服忧虑和烦恼、调整心态。

培养方法:

1. 经常对孩子讲事情的两面性,让孩子懂得任何事情都有积极的一面和消极的一面。

用积极的眼光看待孩子,赏识他们的长处,并告诉孩子积极看待问题的好处,让他们对积极的选择有切身体会。

2. 对孩子存在的短处,要客观看待,甚至积极看待,相信孩子会越来越好。

3. 当孩子心情不好的时候,告诉他用积极的心态去解决问题。

4. 在家里营造轻松愉快的生活环境。

(二)教孩子独立是做人的前提

孩子从呱呱落地到将来长大成人、成家立业,是一个从依赖到独立的过程。如果一个孩子过于依赖父母,养成了习惯,对于迟早到来的独立将是极为有害的。有一个故事给我们极大的启发。

一个猎人打猎时捡了几只刚出生不久的小狮子,就把他们带回家中精心喂养。这几只小狮子慢慢长大了,他们生活无忧无虑,有吃有喝,自在幸福。当然,他们都被关在笼子里。猎人给他们设计的笼子也是温暖而舒适的。没想到,一不小心,一只小狮子从笼子里跑了出去,猎人到处寻找也没有找到。而其它几只呢还在受着保护。

一天,那个猎人外出打猎后再也没有回来,习惯了被喂养和保护的小狮子们最后被活活饿死了。而那只当年跑出去的小狮子呢?

它已经变成了一只野狮子。它独自在野外时,饿了自己找食吃,渴了自己找水喝,有了伤,它学会了用舌头舔伤口,遇到敌人,它知道怎样保护自己。正是这种独立的、不依靠别人的习惯,使它在大自然的环境里顺利地活了下来。

因此,为了孩子的未来,让他们从小养成独立生活的习惯是父母的首要任务,也是孩子真正成长为一个大人所必须具备的素质。

培养方法:

1. 帮助孩子发现自己的能力。父母们首先要相信自己的孩子是能够独立的,同时又要在生活中创造各种条件让孩子们去发现自己的能力。您可以先制定一些小的、容易实现的目标,让孩子在成功的体验中感受到独立的快乐。

2. 能放手的时候尽量放手。天冷的时候,父母们不要先对孩子说"该穿大衣了",而是要让孩子自己在感受中学会加衣服。为了孩子的独立,有时候父母不要对孩子无微不至。

3. 尊重孩子的选择是让孩子独立的前提。篮球健将乔丹的母亲曾经深有体会地说:"在放手过程中,最棘手、最不放心的问题,是让儿女自己追求自己的梦想,自己做出事关终身的决定,选择与我为他们确定的不同的发展道路。"这也恰恰是天下多数父母都担心的问题。可是,要想让孩子真正独立,父母一定要冲破这一关,这是孩子独立的关键所在。

4. 让孩子有独立的思想。独立的行为来自独立的思想，孩子的想法与父母不同时，父母不要急于否定他们的想法，而是要问他们为什么这样想。仔细听听他们的陈述，让孩子独立表达自己的见解。

(三)教孩子有强烈的责任心

生活中我们会发现，一些人责任心很强，而一些人则不然。实际上责任心也是一种习惯性行为，而且是一种很重要的习惯。我国加入 WTO 以后，首席谈判龙永图在《实话实说》栏目中讲述了一个令人感慨的故事。他到瑞士访问的时候，在一个洗手间里，他听到隔壁小间里一直有一种奇特的响动。由于这响动时间过长，而且也过于奇特，因此吸引了他的好奇。于是，在好奇心的驱使下，他通过小门的缝隙向里探望。这一看使他惊叹不已。原来，小间里一个只有七八岁的小男孩正在修理马桶的冲刷机构。一问才知道，是这个小男孩上完厕所以后，因为冲刷设备出了问题，他没有把脏东西冲下去，因此他就一个人蹲在那里，千方百计地想修复那个冲刷设备。而他的父母、老师当时并不在他的身边。这件事令龙永图非常感慨，一个只有七八岁的小男孩，竟然有如此强烈的负责精神，可以说这种负责精神已经渗透到了他全身的每个细胞、每根神经、每滴血液,已经完完全全成了习惯。

责任心是一种非常重要的素质,是做一个优秀的人所必需的。一位大公司的老板曾经讲过这样的故事:有个人来他公司应聘,经过交谈,他觉得那个人其实并不适合他们公司的工作。因此,他很客气地和那个人道别。那个人从椅子上站起来的时候,手指不小心被椅子上跳出来的钉子划了一下。那人顺手拿起老板桌子上的镇纸,把跳出来的钉子砸了进去,然后和老板道别再见。就在这一刻,老板突然改变了主意,他留下了来应聘的人。事后这位老板说:“我知道在业务上他也许未必适合本公司,但他的责任心的确令我欣赏。我相信把公司交给这样的人我会很放心。”

现在有些父母不太重视培养孩子的责任心,当孩子遇到一些事情的时候,父母总想替孩子完成,希望能为孩子留出更多的时间去学习。责任心是孩子做人、成人的基础,因为有责任心的人,首先要有一定的道德水准,否则他也不可能对事情负责任。责任心也是做事情的标准之一,没有责任心就不可能认真去做事。

培养方法:

1. 从简到繁,从易到难,在家庭中有意识给孩子布置一些适当的、力所能及的任务,如打扫卫生、负责给花草浇水等,看他能否完成,完成了立即加以鼓励。

2. 听取孩子对家庭生活的建议。经常和孩子讲讲家里的花销添置、人事来往，并请孩子谈谈自己的看法，或者请孩子出主意想办法。当父母经常聆听他们的意见、采纳他们的有价值的建议的时候，孩子就会心中油然而生对家庭的责任感。

3. 让孩子学会自我服务。不要总是对孩子说“你还小”、“你不懂”、“你不行”，而要给孩子一定的锻炼机会。孩子们的成长速度是惊人的，远远超出成年人的想像。成年人认为孩子不能做的事，可能孩子已经完全有能力驾驭。因此，父母们要尽量给孩子一些锻炼的机会和勇气，这样孩子便可以在自我服务中增强责任心。

4. 强调做事的结果，使孩子养成凡事要么不做，要做就要做得认真、做得出色、做得卓越的自我要求。

5. 父母不要轻易给孩子许诺，如果许诺了就要做到。同时，父母也不要总是让孩子承诺什么，给孩子提出的要求要符合他的年龄特点，否则孩子容易养成说了不算，算了不说的坏习惯。

（四）教孩子有持之以恒的毅力

生活中，我们每个人都有自己做人的目标和方向，当我们的方向选准了，目标找对了的时候，毅力就显得十分关键。有的人能够按照自己的目标持之以恒地努力，结果成为成功的人，有的人则三天打鱼，两天晒网，做什么都没有长性，结果一生平庸甚至失败。

有位老太太,居然徒步万里长征。当记者问她是怎样鼓起那么大的勇气的时候,她的回答让人意外。她说:“走一步路是不需要鼓起勇气的。我只是走了一步,接着再走一步,然后再走一步,再一步,我就到了这里。”可见,毅力是无所不能,所向披靡的。

在麦当劳世界总部里,有一个非常精致的镜框。镜框里镶嵌着几句话。这几句话,正是麦当劳人尊崇的座右铭。上面写道:“在世界上,毅力是无法替代的。天赋无法替代它,有天赋却失败的人比比皆是;教育无法替代它,受教育却失败的人到处都有;才能无法替代它,有才能却失败的人随处可见;只有毅力是无所不能,所向披靡的。”据说这几句话最早出自美国总统柯立芝之口。我想,无论是柯立芝还是麦当劳人,他们的成功已经足以说明毅力的重要。

培养方法:

1. 给孩子订立一些具体的目标,每天坚持去做,并及时鼓励他们。

2. 当孩子坚持做一件事取得一定成效时,给他们一个奖励。奖励未必是物质的,可以是一个眼神,一个微笑,或者给孩子做一个进步记录。

3. 从容易培养的习惯开始,逐渐培养孩子的毅力,这样慢慢就可以达到持之以恒。有的父母总是觉得自己的孩子没有长性,做事

不够坚持，也有的父母认为毅力就是天生的东西，是没有办法培养的，因此只能“望孩子兴叹”。其实，毅力完全可以培养出来，而培养习惯正是增强毅力的好办法，可以说，这两者是相辅相成的。毅力会在习惯的培养过程中逐步产生、增强；逐步产生、增强的毅力反过来又可以强有力地促进习惯的培养。

（五）教孩子充满自信的习惯

心理学者曾在一所著名的大学挑选了一些运动员做实验。他们要这些运动员做一些别人无法做到的动作，还告诉他们，由于他们是国内最好的运动员，因此他们能够做到。

这些运动员分为两组，第一组到达体育馆后，虽然尽力去做，但还是做不到。第二组到达体育馆后，研究人员告诉他们，第一组已经失败了，并对他们说：“你们这一组与前一组不同，我们研制了一种新药，会使你们达到超人的标准。”结果，第二组运动员吃了药以后，果然完成了那些困难练习。事后，研究人员告诉他们，刚才吃的药，其实是没有任何药物成分的面粉做成的。这说明了自信心的作用，如果你相信自己能够做到，那你就会增强力量，真的能做到许多事情。

自信就是对自己充满信心，相信自己能把事情做好。想一想，如果一个人对自己充满了信心，那会给人什么样的感觉？相反，如果对自己缺乏信心，那给人的又是什么样的感觉？当然，更重要的恐怕还不在于给人的感觉，而是自己对自己的感觉。应该说，我们的一生里，在与所有人的相处中，与自己的相处是时间最长、关系最密切也最重大的。如果我们自信，我们就会很喜欢自己，做事情也就会很有力量，很愉快，这种人生的感觉自然很棒；如果我们不喜欢自己，瞧不起自己，甚至对自己很鄙视，那么将使自己每一天都生活在痛苦之中。因此，自信对每一个人都具有特别的地位，它是做一个快乐的人很重要的一部分。自信的人有魅力，有力量，充满了热情，甚至潇洒漂亮；而自卑的人则痛苦压抑，缺乏力量和勇气，当然也缺乏应有的人格魅力。

培养方法：

1. 自信和自卑往往一念之差。如果一个人善于使用积极的心态去看待自己，就容易产生自信；如果总是用消极的心态去看自己，则容易自卑。就拿我自己来说，当年考上清华大学很高兴，但上了清华却很自卑。因为我家里穷，虽然来自上海，但却来自上海郊区。父母原本是农民，后来到了一个小镇上，两个人工资加起来还不到40元，却要抚养8个孩子。因此我自卑。但现在想来，我的这些想法都是消极选择带来的自卑。如果我积极去想呢，一个穷人家的孩子，一个农民子弟，居然考上了清华大学，这多么不容易啊，这说明我勤奋、聪明啊。因此父母要在这方面多引导，帮助孩子看到事情的积极一面。

2. 自信在于积累。把一件事做成功，就容易增加自信，把一件事做失败，就容易增加自卑。所以，父母要让孩子从简单的事情做起，慢慢积累他的成功，在成功中积累他的自信。

3. 做每一件事，目标的高低与自己能力要相应，切勿好高骛远。目标合适容易成功，自然容易增加自信。所以，建议父母们不要给孩子设立不切实际的奋斗目标，那样非但不能帮助孩子成功，反而会打掉孩子的自信。

4. 培养孩子的钉子精神。钉子之所以能钉进坚实的墙里，一是因为它很尖，也就是目标不很大；二是因为钉钉子的时候，我们使用的是榔头，就是用的力很大。如果我们不是用榔头钉钉子，而是用拳头砸擀面杖，就一定钉不进去，因为目标太大，用力太小。父母也要给孩子讲些类似的道理和故事，让孩子懂得做事的目标和力量之间的关系，并用钉子精神去处理生活中所遇到的事情。

5. 要让孩子相信天生我材必有用。世界上的每样东西，都有自己的个性特点和用处，因而组成了大千世界。父母要给孩子讲这样的道理，也可以带孩子到大自然中去，让孩子看看山水花草。告诉孩子山有山的伟岸，水有水的潺潺，花有花的芬芳，草有草的绿茵。

父母也要善于发现孩子的长处及与众不同的特点，并及时发扬光大他们的特点。

(六)教孩子懂得尊重的习惯

所谓尊重,含义有两方面。一方面是自尊,另外一方面是尊重别人。自尊是做人非常重要的一点,是指一个人把自己看得重要,相信自己的能力,知道自己能够做好许多事情。这其实也是一种积极的选择,即用积极的心态来看待自己。如果不懂得自尊,觉得自己什么都不行,什么都不如别人,用这样的心态生活在世界上,会终身痛苦。

而尊重别人，就是要把别人当作重要人物去对待他，不轻视他。比如,我们去拜访一个朋友,已经约好了晚上 7 点到,可您 8 点没到,8 点半没到,9 点才到。朋友心里自然会不高兴,会觉得您不够尊重他。相反,如果您 7 点要见的是一个来访的总统,您会迟到吗?会因为家里有事、塞车而迟到吗?说不定您 6 点就会等在附近。这是为什么？就是因为我们常常会觉得总统重要。

有一个推销大王叫乔·吉拉德。他 15 年里一辆一辆推销小汽车,共推销出 13001 辆！平均每年推销出 867 辆,每天推销出 2.37 辆。他总结自己的成功秘诀,最重要的一点就是尊重别人。有一次，一位妇女到他的雪弗莱汽车展室里来,他热情接待了她。聊天的时候他了解到，这位妇女只是进来打发时间的，因为那天是她 55 岁生日。她已经想好要买邻店的福特牌汽车，只是那个店的小伙子说有事情要出去，让她 1 小时以后再来。所以她才来这里打发时间。乔·吉拉德听了以后，没有因为她不买汽车就厌烦她，而是立刻出去买了一打玫瑰花送给她祝贺她的生日。那位妇女深受感动，最后买下了乔·吉拉德的汽车。乔·吉拉德的成功就是把每个人都当成重要的人物去看待。

培养方法：

1. 尊重的重要特点是给人发展的机会，张扬每个人的个性。因此，无论是自尊还是尊重他人，都需要我们不用固定的模式去看待人，要求人。相信每个人的行为都有自己合适的理由。

2. 要尊重孩子的想法，不要总是把孩子看成被教育的对象，给孩子表达自己意见的机会。这样，就意味着父母在给孩子做出榜样，让孩子懂得什么是尊重。

尊重别人的劳动。尊重人，不仅要尊重每个人的想法、人格，还要尊重别人的劳动。比如，当他人把地扫干净的时候，你是否懂得爱惜；当朋友请你吃饭的时候，你是否懂得感谢……

3. 尊重不同阶层的人。尊重强调的是每个人的生命体验，既然是每个人的，就说明每个生命都可以有不同的体验。因此，在面对弱势群体的时候,要告诉孩子平等地看待他们,以心和他们交流,而不仅仅是怜悯和施舍。

4. 尊重的前提是民主，因此父母要尽可能在家庭中创造民主的环境,这是无声的培养。

(七)教孩子保持诚信的习惯

滕田田是日本麦当劳的巨头，曾经一手创造了麦当劳在日本的奇迹。在他手下的麦当劳分店在日本星罗棋布,年营业额突破40亿美元大关。他是怎么成功的呢?

麦当劳进军日本的时候,滕田田刚从大学毕业6年,仅仅有不足5万美元的存款。但是,根据麦当劳总部的要求,要开办麦当劳分店,要么有75万美元的存款,要么有一家中等规模以上银行的信用支持。这样的条件,对于刚毕业没多久的滕田田来说,是非常苛刻的,几乎不可想象。

滕田田不甘心失去这个机会，向亲友四处借钱，但花了5个月,只借到4万元。无奈中他只好鼓足勇气,跨进日本住友银行总裁办公室的大门,希望能得到帮助。当他诉说完以后,得到的回答却是:“你先回去,让我考虑考虑。”按照惯例,滕田田知道这是拒绝的话。

但滕田田没有气馁,他决心以自己的诚心做最后的争取。他诚

恳地对总裁说："您可否让我告诉您，我那 5 万美元存款的来历？"

"可以。"总裁欣然表示同意。

"那是我 6 年里按月存款的结果。"于是滕田田叙述，"6 年里，我每月坚持存下 1/3 的工资奖金，雷打不动，从未间断。6 年里，我无数次面对过度紧张或手痒难忍的尴尬局面，我都咬紧牙关，克制欲望，硬挺了过来。有时候碰到意外事故需要额外用钱，我也照存不误，甚至不惜厚着脸皮去四处借贷，以保证每个月的存款。这是没有办法的事，我必须这样做。因为在跨出大学门槛的那一天，我就立下宏愿，要以 10 年为期，存够 10 万美元，然后自己创业……"

总裁听了滕田田的话，立即问了那家银行的详细地址，然后说："好吧，年轻人，我下午就会给你答复。"送走滕田田，总裁亲自开车去了那家银行。柜台小姐听完来意后，兴奋地说："他可是我见过的最有毅力的年轻人。6 年来，他真正做到了风雨无阻、准时来我这里存钱。老实说，对这么严谨、这么有恒心的人，我真是佩服得五体投地！"

总裁听了这样的话，最后终于决定支持滕田田。这就是诚信的作用，滕田田用 6 年的时间积攒了自己的信誉。

培养方法：

1. 父母以身作则，言行如一，对同事、对朋友、对邻居、对孩子讲究诚信，说话要诚实、有信用。

2. 如果出现了问题，父母不要推卸责任，也不要教孩子推卸责任。责任其实是和信誉联系在一起的，如果责任在孩子身上，抓住这个教育机会，让孩子学会承担责任。

3. 给孩子建立一个“信誉存折”，每次孩子做了诚信的事，都要在上面记上一笔，这样就相当于给了孩子一些鼓励。时间久了，诚信的习惯就会慢慢养成。

4. 不存侥幸心理，不贪小便宜。无论是学习上还是生活上，都要告诉孩子不贪小便宜，任何一次小便宜都会毁掉你的信誉。诚实地对待每一个人、每一件事，身边的人也会同样以诚信来回应你。

（八）教孩子利人利己的习惯

利人利己就是说我们在做人的时候不要光考虑自己。如果做一件事只对自己有利，对别人不利，人家就一定不支持。如果事情能对双方都有利，那么自己有积极性，对方也有积极性，事情就会好办得多。而且两个积极性加在一起，推动力就会大一些。大家是否知道中国北方的种子大王王大民的故事呢？他本是个地道的农民，只有初中文化程度，但却成了千万富翁。1999年还被评为“中国十大杰出农民”。他为什么会获得这样的成功呢？其中一个成功的秘诀就是做人懂得利人利己。

他在推广自己培育的优质种子的时候，很少就买卖谈买卖，而是先送知识下乡。他请专家到农村去给农民讲课。专家是他们公司专门聘请的，费用均由他的公司付出，各乡里只要提供一个场地、一块黑板、一杯水就可以了。这样，农民们在增长了知识的同时，自然愿意购买他的种子。仔细分析，王大民的种子销售量大幅度增加，与“利人利己”有很大关系。这一推销模式既对农民有利，也对本公司有利，还对当地乡政府有利，对专家有利。“利人利己”其实就是我们现在常常说的“双赢”，如果涉及到多方面，就是“都赢”。

现在，有的父母习惯教孩子怎样占便宜，但却忘记了教孩子怎样与别人合作，让大家都有利。如果总是把这样的思维方式、处世方式教给孩子，时间久了，孩子就不会与人合作了，考虑问题的时候也只会从自己的利益出发，这在当今社会是无法获得帮助的，更难以成功。

培养方法：

1. 父母在家里尽量找一些大家都感兴趣的事情做，大家有兴趣，对大家都有利，做得高兴，玩得快乐，让孩子体会“利人利己”的价值。父母不要仅仅考虑孩子的兴趣，还要把自己的兴趣加进去，让孩子学会考虑父母的爱好和利益。

2. 找一些损人利己、损人害己的报道给孩子看，及时与孩子讨论，分析人与人之间的关系，让孩子说说怎样做人最合适。

3. 到市场上买了一件孩子喜欢的东西就要让孩子明白买卖成功的原则就是利人利己，我们得到了喜欢的东西，商人赚了钱。如果让商人赔钱，他肯定不会把东西卖出去。

4. 在孩子和朋友交往的过程中，鼓励他为他人考虑。可以先从身边人做起，比如为父母着想，为爷爷奶奶着想，为同学着想等等。

（九）教孩子善待他人的习惯

如果人的一生能够在快乐、温暖和友爱中度过，可以说这也是做人的成功。如果说积极的选择是指我们善待自己的话，那么善待他人就应该是第二个重要的习惯。因为在这个世界上我们不可能一个人生活，我们会与各种各样的人交往。交往不好，不仅对我们的事业影响很大，还会让我们的整个人生都不快乐。

一位外国科学家跟踪调查了 8000 名失业者以后，发现失业的原因 80%是由于在原单位人际关系不佳。据北京 JS 人才调查中心调查，我国 100 位头脑出众、业务过硬的人士中，有 67 位因人际关系不畅而事业受挫折，难以成功。因此，建议父母们在孩子小的时候就要培养他们善待他人，要处处想着他人，时时关心他人，要把“善待他人”作为习惯性的思考准则。

有的父母习惯对孩子说：“在外面可不能吃亏”，这样的教育往

往容易培养自私的孩子。长期生活在这样的环境里,孩子就容易习惯自私性的思考,总觉得身边的人都在算计自己,总觉得身边没有好人，任何事情都怕吃亏……这样的思考习惯自然无法与他人建立和谐的关系。

培养方法:

1. 善待他人就要学会了解人。有的父母常常说:“我实在不了解我的孩子,因为他太不听我的话了！”实际上,这样的话在逻辑上是不通的。应该说,父母要了解孩子,首先要听孩子的话,听多了就会知道孩子在想什么,他希望什么,埋怨什么,需要什么。因此,建议父母蹲下来和孩子平等对话，同时也要教孩子学着去了解周围的人,用平等的眼光看待周围和自己生活环境不同的人。

2. 善待他人就要学会欣赏人。一位专家曾经谈到一个奇怪的现象。他说有一次中外孩子举行测验,测验后的分数让孩子分别拿回家给各自的父母看,结果中国的父母看了孩子的成绩后,有 80%不满意,而外国的父母则有 80%表示满意。而实际成绩怎样呢？实际上,外国孩子的成绩还不如中国孩子。这说明中国的父母习惯用挑剔的眼光来看待孩子,看待别人和世界。而外国父母则习惯用欣赏的眼光看待自己、孩子和世界。所以,建议父母们用欣赏的眼光去看待孩子,并教会孩子去发现别人的长处,真诚赞赏他人。

3. 善待他人就要学会关爱人。这是善待他人最重要的一点。教育的重要秘诀也是爱,我们常常说要爱得孩子不好意思犯错误,也是这个意思。父母要让孩子懂得怎样去爱长辈,爱同学,爱老师。

四、怎样指导孩子修德做人

最近新发布的《全国家庭教育指导大纲》要求"利用日常生活细节,开展伦理道德教育。指导家长加强自身道德修养,发挥道德榜样作用;把'修德做人'放在首位,强化儿童的伦理道德意识"。

那么,家长该怎样指导孩子修德做人呢?

(一)自古百育德为首

关于修德与做人,远在2500年前,先贤就有这样的论述:"修身、齐家、治国、平天下。"德,在我国传统文化中,占有重要位置。德育,被视为最重要的教育内容。所谓子不教,父之过,教育孩子本身比单纯养育一个孩子难很多。如果孩子和父母都讲"仁义礼智信",孩子才能贤良,今后才能成为栋梁之材。

如何修德呢?古人看来,首先一定要时时关照自己的内心想

法，不断提升素养，对于任何事情，问问自己为什么会这么说这么做，自己是如何想的，发现不好的念头，一定及时改正；其次，还要时时悔过并悔而改之，处处小心谨慎，即所谓勿以善小而不为，勿以恶小而为之。

(二)孝亲尊师是根本

日前，被媒体称作“孝心感天动地”的小邵帅，正成为当代孩子学习如何做人的榜样。邵帅1岁时父母离异。12岁时，在北京打工的妈妈患了白血病。为了陪伴妈妈并治好妈妈的病，品学兼优的邵帅尽管在书法和绘画方面获得过国际大奖，但他仍然选择搁浅自己的爱好，甚至放弃了到徐州最好的中学上学的机会，央求姥爷到当地教育局办理了申请休学一年的手续，来到北京照顾生病的妈妈。他每天早上6点半起来到医院给妈妈做饭，回家后再做中午饭。当得知治好妈妈的病需要骨髓移植时，他争着要医生为他和母亲配型。为了省钱，他从不在外面吃饭，不买汽水喝，什么都舍不得买。现在，他最发愁的是妈妈治病的钱从哪里来？面对这些，邵帅的解释很朴素：我爱妈妈，她给了我生命，没有妈妈哪有我啊？哪个孩子碰到这事会不救妈妈啊？

邵帅的事迹在向我们诠释了“孝亲尊师”这四个大字。在如何做人的教育中，孝亲尊师的内容历来被看做是根本中的根本。当今社会，不少地方评选党政领导和先进，也把能否孝敬父母、家庭和睦作为考核的一项重要内容，看作是正确处理人际关系的第一个台阶。

自古以来，我国将孝顺父母称为孝道，尊敬老师称为师道。师道以孝道为基础，没有孝道就谈不上师道；而尊师是孝道的延伸，若不尊敬教师，不听老师的话、不好好学习，就是不孝敬父母。老师在教书育人的过程中，为学生付出的心血和代价是无法估量的。当代教育家魏书生说得好："世界上最希望一个人有作为的，最真心愿意让一人超过自己的，除了他的亲生父母之外，就是他的老师了。"又说："当老师的，即使是水平不高的老师，也都真心诚意地盼望自己的学生能德智体全面发展，做梦都想着自己的学生们进步了，成绩提高了，比赛得胜了，个个成才了。"

(三)教孩子做什么人

天下之人，没有一个相同的，更不能十全十美。自然，教孩子做什么人，答案也非常宽泛。除了上面提到首先做孝亲尊师的人外，还应根据孩子的"弱项"，定下教育目标加以重点培养。下面所列，是对一个人的基本要求。

1. 做讲诚信的人。诚信是人的立身之本，从古就是品德教育的重要内容。不要随意对孩子许诺，在向孩子许诺之前一定要三思，

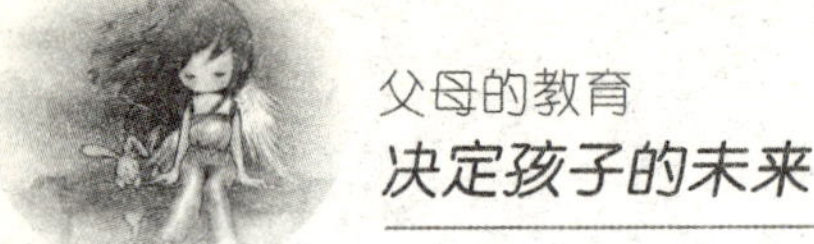

答应孩子的事一定要做到；对孩子诚信的言行，要及时表扬和鼓励;如果发现孩子撒谎,应该耐心启发诱导,让他认识到自己的错误并加以改正。

2. 做有志向的人。志向是达到人生目标的动力。立个志向,树个目标,孩子才有行走的方向。有了志向,孩子才有追求。

3. 做善良的人。善良是人性光辉中最温暖、最美丽的一缕。善良是和谐、美好之道。只有心中充满善良,才能温暖人间。

4. 做实在的人。从小事小节做起,从点滴做起。只有做老实人,讲老实话,干老实事,才能赢得他人信赖和帮助。

5. 做正直的人。正直的人平等待人,公正处事,品行端正不谋私、不贪利,不偷奸耍滑,因此受人拥戴。

6. 做有教养的人。所谓教养,应该遇事知深浅、明尊卑、懂高低、识轻重、讲规矩、守道义。有教养的人,做事中往往不以术而以德,不以谋而以道,不以权而以礼。

7. 做勤俭的人。不能因为孩子要玩什么就给他玩,要吃什么都给他吃,满足一切物质要求。“由俭入奢易,由奢入俭难”。

8. 做一个有知识的人。应引导孩子不断学习,不断探索,为将来打下牢固扎实的基础。

9. 做智慧的人。智慧包括洞察力和判断力。人有了智慧,就懂得如何将掌握的知识应用到实践之中,迅速转化为能力。

10. 做健康的人。不但身体要健康,心理更要健康。如果整日忧愁、苦恼、失意,这样的孩子没有乐趣,将来很难获得幸福。

(四)教育方法并不难

1. 家长要懂得跟孩子学校的老师配合好，懂得成全孩子的孝心,成全孩子善良的举止。凡遇到这种情况,都应视为孩子学习做人的一次机会。

2. 做孩子的好榜样。因为亲人对孩子的影响很大,所以家长应注意当孩子的好榜样:立志在家当个好父母,在单位当好同事,在社会中当好公民。当你表现出来的是善的行为,孩子也会在潜移默化当中受到影响。

3. 鼓励孩子多读书。读书可以使孩子明理,有一套书叫《德育故事》,依据“孝、弟、忠、信、礼、义、廉、耻”这八德而编,讲述了七百多个圣哲人的故事,很有教育意义。

4. 教育孩子做人要趁早。教育孩子做人从什么时候开始?从小,越小越好。“苟不教,性乃迁”。《易经》里有句重要的话:“蒙以养正圣功也”,这个“蒙”是代表天地初开,万物都还很脆弱,这时候要好好保护他,好好养育他。

五、孝心是教育孩子做人的根本

教育最重要的就是教孩子学做人,学处世。做什么样的人呢?做孝敬父母的人,做诚实正直的人,做自尊、自爱、自信、自强的人。其中教孩子孝敬父母是最主要的,是一切道德的基础,是做人的根本。

您的孩子对您孝敬吗?他是否理解您的关爱?是否珍惜您的劳动成果?对您的正确教育、意见和建议是否乐于接受?面对着诸如此类的问题。不管您做出了多少肯定地回答,请不要忘了对孩子"孝心"的培养。

我国历史上最著名的思想家、教育家孔子说:"孝悌者,为人之本也。"孝为"百德之首,百善之先"。

在家庭生活中,常常可以看到这样的情景:吃过饭后,孩子扭头看电视或出去玩,父母却在忙碌着收拾碗筷;家里有好吃的,父母总是先让孩子品尝,孩子却很少请父母先吃;孩子一旦生病,父母便忙前忙后,百般关照,而父母身体不适,孩子却很少问候。凡此种种,值得忧虑。

这种现象，我们称之为"四二一综合溺爱症"。一是指一个独生子女，二是指爸爸、妈妈，四是指爷爷、奶奶、姥姥、姥爷。独生子女成为家里的小皇帝、小公主，全家人对他（她）百般疼爱、千般关心、万般呵护，使孩子不自觉地养成娇惯、任性、懒惰、自私的不良习惯。

孝敬父母是中华民族的传统美德，也是各种品德形成的前提。试想一个人连父母都不爱，不敬、不孝，怎么会爱朋友、爱同学、爱老师，成为一个人格健全的人呢？

（一）"孝心"是怎样培养出来的

孝敬父母包括子女对父母的亲爱之情、敬爱之心、侍奉供养之行。但对幼小的孩子"孝心"的教育必须根据其年龄特点，以下几种基本教育方法可供参考：

1. 身教重于言教

有这样一则广告：一位刚下班的年轻妈妈，忙完了家务，又端水给老人洗脚，老人对她说："孩子，歇会儿吧！别累坏了身子。"她笑笑说："妈，不累。"年轻妈妈的言行举止被只有三、四岁的儿子看到了，儿子一声不响地端来一盆水。年幼的儿子吃力地端着那盆水，摇摇晃晃地向妈妈走来。盆里的水溅了出来，溅了孩子一身，可孩子仍是一脸的灿烂。把水放在母亲的脚下，为母亲洗起了脚。广告画面定格在这儿，广告语说："父母，孩子最好的老师"。是啊，孝

心就是这样学会的，就是这样传递的，孝心就是在父母的榜样下养成的。因此，要想培养孩子的一颗孝心、懂得爱，父母首先要以身作则，要做孝敬长辈的楷模，因为“身教重于言教”。

2. 学会感恩

要让孩子学会感恩。感恩源于良心、良知、良能，这是孝心的亲情基础。然而，感恩这种情感不是自然而然产生的，必须通过教育。做家长的应有意识地让孩子体会父母的辛苦，体会父母挣钱养家的不容易，体会父母对孩子的爱，体会父母也同样需要孩子的关心和爱。因此父母不妨经常给孩子讲讲自己一天的情况：起床、做饭、洗衣服、整理家务、上班等，让孩子体会到自己如何关心孩子，如：孩子生病了，父母怎样心疼，怎样整夜地不睡觉护理孩子……细节最能感染人。知恩就要感恩，感恩就要报恩。要让孩子从小养成关心父母、体贴父母、爱护父母的好习惯，如为妈妈梳梳头，给爸爸捶捶背等等。

3. 从小抓起、从小事做起

让孩子养成孝敬父母的好习惯，要从一点一滴的小事着手塑造和培养。如：平时教育孩子要关心父母的健康，要帮父母分担忧愁，要帮助父母做家务。当孩子不会时，父母要耐心地教，孩子做错事时，不要横加指责，孩子做得好时，要多表扬鼓励。孩子只有在亲身实践和体验中才能体会到父母的辛苦，尝到为别人付出的快乐。当孩子"父母养育了我，我应当为他们多做事"的观念逐渐形成时，孩子就有了一份生命的义务感和责任感。这也是当代孩子最缺乏的。因为他们平时只知道接受爱，而不知道付出爱，没有学会关心和感激。家长千万不要这样想：孩子还年幼，主要任务是学习，只要学习好了，什么也不用干，而是要转变观念：不要以学习成绩作为唯一的评价标准，好孩子的标准是多方面的，孝敬父母就是一个重要的标准。常言道："3 岁看大，8 岁看老"。因为习惯成自然，从小养成的不良习惯长大了也是难以改变的。

（二）培养子女的孝道，得从小抓起。

1. 制定家规

国有国法，家有家规。没有规矩，不成方圆。一个家庭需要民主，不可家长制、一言堂，但必要的家规是不可缺少的。家长可与孩子共同商量，制定"孝敬父母"行为规范。我提出"五要五不要"供家长参考。"五要"是要了解父母，要亲近父母，要关心父母，要尊重父母，要体贴父母。"五不要"是：不要影响父母工作与休息，不要惹父母生气，不要顶撞父母，不要独占独享，不要攀比享受。配合"五要五不要"还有几条具体要求：①记住爸爸妈妈的生日；②自己的事

情自己做;③我当一天家长;④单独走一次亲戚;⑤我和爸爸(妈妈)共上一天班。

2. 亲子互动

家长要与孩子多交流、多沟通,共同做游戏,共同搞活动:亲子共读一篇文章。如:孝心无价;亲子共唱一首歌。如:《一封家书》《常回家看看》《烛光里的妈妈》《世上只有妈妈好》《妈妈的吻》《母亲颂》等;亲子共诵一首诗词。如:《游子吟》《妈妈的雨季》《妈妈,我的守护神》等;在亲子互动的活动中,不仅可以尽情地享受天伦之乐,而且可以在潜移默化中使孩子养成孝敬长辈的好品德。

3. 家校配合

家长可主动与学校配合,请老师给学生出家庭调查问卷,要求学生以“父母习惯知多少”为题回家访问父母。

六、教孩子做人是家庭教育的核心

俗话说:打铁先得自身硬。既然教育孩子的重任落在了父母的肩头,我们就要义无反顾地担起这份责任向前走。

（一）家长的观念要随时代的发展不断更新。特别在教育观、儿童观、人才观方面

1. 教育观。要树立为国教子的观念。期望值要适当（天生我材必有用），社会上总有适合孩子的地方，总有自己的立足之地。

2. 儿童观。要把生命发展的主动权还给孩子，给孩子一个快乐的儿童世界。要坚信没有教育不好的孩子，只有不会教育的家长。

3. 人才观。要树立现代人才观。根据自己孩子实际因势利导，引导孩子做一个有益于社会、有益于人民的人。坚信三百六十行，行行出状元。

（二）要实施正确的家庭教育

1. 毛泽东教子

毛泽东深爱着他的每一个孩子，作为一个父亲，他努力教给孩子们读书和做人的道理，希望他们能多从中国传统文化中汲取智慧。毛泽东从不苛求他的子女，只要孩子们能成为一个自食其力的劳动者，他就满足了。毛泽东始终教育孩子要注意学习，从知识中吸取力量。

毛泽东是这样教子做人的：

（1）谁敢于严格要求自己，谁就进步快；谁经常问别人，谁就不会走错路。

(2)做事光明磊落,不要讨好别人,不要感情用事,有话当面说,不要背后嘀咕。

(3)心胸要大些,要求自己要严些,小事糊涂些,大事清楚些。

(4)不要逞强霸道,要平等待人,以理服人。

(5)遇事要抱吃亏的态度,对于与自己意见不同或反对自己,或对自己有成见和讲过自己的人讲团结。

(6)听到别人反对的意见,背后的意见,与事实不符的意见,态度不好的意见,这时要特别冷静,总要以理服人,有理服人。

(7)发生问题不要埋怨客观,多从主观上找原因,怨别人不了解自己的人,首先自己不一定了解别人;怨组织领导不相信自己的人,首先是自己不相信组织领导。

(8)给别人多些,要别人的少些,少相信自己一些,更多相信群众些。不要把自己想得那么好,把别人想得那么坏,看到别人的缺点时,也要看到别人的优点,看到自己的优点时,也要看到自己的缺点。

(9)有了成绩不要翘尾巴,有了缺点不要垂头丧气。有了成绩不要沾沾自喜,不要出现骄傲之气;有了缺点,不要缺乏信心,不要心急。

(10)对于组织要老老实实,对于工作要敢于创造。

(11)个人主义是发生一切问题的根源,个人主义的表现:金钱美女,名利地位,破坏这个的根本力量是批评和自我批评。任何时候也不要向组织伸手,自己好坏自然有人给你评分。

(12)当工作和个人的利益发生矛盾时,当自己的利益要求达不到满足时,当离开领导群众监督时,要时时注意个人主义苗头。

(13)要有革命的荣誉感,但不能有个人主义的虚荣心,要有革命的责任心,但不能有个人主义的所谓事业心。

(14)政治上要向前看,生活上要向后看。工作上要和强的比,生活上要向差的比。

(15)不尊重别人,不会得到别人的尊重。过于要求别人尊重自己的人,他一定不会很好地尊重别人。

(16)批评别人,一定要注意引起别人的自我批评,接受批评时,要有严格的自我批评。

(17)多看点书,多想点事,少提点家常,花点时间增加点知识。形势的发展光有热情不够,要有真实的干劲。

(18)遇事要想一想再发表意见,要发表自己的见解,不要人云亦云,尤其是党的政策发生变化,头脑要清楚。

(19)学点辩证法,防止偏激症,做事要留有余地,不要把话说死,考虑问题要反反复复,这样不是诡辩,而是全面正确。

(20)碰见不顺心的事,不要脸红心跳,压下去再说,睡完觉再处理更好些。

(21)说的漂亮,做的也要漂亮。

2. 父母都爱学习。

没有天生成功的父母,也没有不需要学习的父母。好的父母防患于未然。时代发展,每一个人在做父母之前都要学习相关的知识。也许有人会说,许多父母一字不识,不也教出好孩子了吗?其实,文盲并非不会教育,他们以言传身教、严格自律、潜移默化、正面教育,同样是教育孩子的高手。

很多父母将孩子的不好习惯责怪到学校、老师、社会、孩子身上,唯独没有责怪自己。其实,孩子身上的多数习惯——无论是好习惯或是坏习惯——都是做父母的有意无意培养出来的。父母每时每刻都在教,以至于自己都没有意识到在教,这就是"潜教育",是比"显教育"威力更大、更本质的教育。优秀孩子多是优秀教育的结果,问题孩子多是问题家庭的产物,孩子的问题大多是父母问题的折射。我认为,我县农村教育当务之急不仅是学校教育学生,而是更要办好家长学校，教育学生的父母，因为没有父母的改变就没有孩子的改变。须知，对孩子培养，智力不是最重要的，比智力重要的是意志，比意志重要的是品德，比品德重要的是一个人的胸襟和抱负。意志、品德、胸襟、抱负等这些最重要的因素不是通过父母的说教等“显教育”就能产生效果，而是要通过父母的行为即“潜教育”化进孩子的心灵中。

3. 做好孩子的榜样

教育孩子的真谛是父母要成为孩子的榜样。有的人在工作上出类拔萃，但与孩子的沟通较差，当发现子女的个性、心理发展出问题时，他已无能为力。有的人在工作上表现平平，但却与子女建立良好的亲子关系，成为子女成长的有力支持力量，这样的孩子遇到困难与挫折时，往往能用正确的方法和态度面对，因为父母对他的支持使他心理踏实、自信。成功地建立了亲子关系的父母，至少能使子女拥有比较顺利的、快乐的生活，长大后表现比较出色，能够获得某一方面或多方面的成就。如果父母之一方在良好亲子关系的基础上，事业上也有成就，子女长大后自身的期望较高，在工作和生活各方面向父母看齐，自我要求就比较严格，就容易取得事业上的成就。如果事业成功的父母没有成功的建立亲子关系，则孩

子不仅不能从父母的成功汲取力量，反而一方面感到受忽视而生怨,另一方面感受到压力而逆反。在建立亲子关系,父母的价值观是把对美德的追求视为第一,还是把对利益的追求视为第一,决定了子女成为一个多大发展潜力的人才。我认为,越是重视美德和价值观,越能带给子女长久的成功和幸福。

4. 注重言传身教

父母是孩子的引路人。阅读对孩子来说是很重要的,从小培养孩子的阅读习惯，孩子将终身受益。但许多父母在督促孩子阅读时,却忽视给孩子营造一个良好的氛围:电视声或搓麻将声让孩子无法专心阅读，迷于电视或搓麻的父母对孩子阅读时遇到的问题表现出的不耐烦,会打击孩子阅读的积极性。所以,想培养孩子阅读兴趣的父母们,应把电视关了,把麻将桌搬走,拿起书和孩子一起阅读。

父母是孩子信心的培养者。也许你的孩子很不懂事,经常在你心情不好或专心做事时,跑出来打扰你。在你转过头欲大吼之前,不妨转变成给他一个微笑:“孩子,你做得不错。”他的勇气、信心和快乐,有这一句就够了。即使是你的无心之言,也会对他造成极大的鼓励。

父母是孩子行为的榜样。父母其一言一行,即便是最容易被忽略的细节,都会被孩子记在心里,并在某些时候表现出来。这就要求父母在孩子面前须时刻注意自己的行为。如果你希望孩子是个孝顺、勤俭、诚信的人,那么请先检查一下自己的行为:是否做到孝敬父母?是否做到勤俭持家?是否做到言而有信?在你做出某一行为之前,应先想想会对孩子产生什么影响。

父母是孩子世界观的引路人。在成人世界中,对事情思虑再三是成熟的表现,但对孩子而言,过分的真实却是他们失去纯真、伤心失落的帮凶。当你与孩子一起在大街上,有时碰见一些职业乞丐以不同方式乞讨,但如果一元、两元钱能够换取孩子对弱者的同情心时,就应该慷慨施予。

父母是孩子性格的塑造者。父母应对人热情大方,通过自己一言一行的教育和影响,让孩子逐渐养成大方的性格;用自己洒脱的言行和活泼开朗的性格对孩子进行日常熏陶,让孩子逐渐养成活泼的性格。为了让孩子成为一个具有良好性格的人,父母就要时刻检查自己,努力克服自己性格上的缺陷。

5. 培养孩子好习惯

(1)诚实守信,说了就要做。诚实守信是人的立身之本,道德的基础。一个言而无信的人,是不堪为伍的。

(2)尊重别人,耐心听别人讲话。尊重他人是最重要的文明习惯之一,也是吸纳一切智慧的必要。教孩子从小学会用心倾听各种声音,而不是粗鲁地打断别人的说话或随意插嘴,是儿童应具有的良好素质。

(3)时刻记住自己的责任。在现代社会里,人们分工细,相互依赖程度高,这就需要责任心,任何环节的失职,都可能导致整个事业的崩溃。

(4)规范行为,按规则行动。按规则办事是公民共处的基本准则。对于儿童来说,养成做事之前先了解规则的习惯,并自觉遵守有关规则,是儿童社会化的范式。

(5)学会节约。节俭不仅仅显示个人的道德观与生活能力,也与整个人类生存发展密切相关,节约每一分钱,实质是节约资源,并从中体验人类的高尚情感与博大智慧。

(6)用过的东西放回原处。用过的东西放回原处,这不仅有助于培养儿童思维的有序性,也有益其责任心的形成。对父母来说,用百次机会可养成儿童某种文明习惯,就应坚持;若错过最佳教育时期,则千次万次也是徒费心机了。

(7)做事有计划。当儿童逐步习惯行动之前做计划,并使计划趋于可行,那么,孩子也就悄悄的成熟起来了,做大事要从小事做起。

6. 做合格的家长

(1)多做少说。有什么样的父母就有什么样的孩子,为父母者不一定是高官巨贾、文人学士,不一定要用自己的卓著功绩、家财万贯来做孩子的榜样,但可以做一个善良、有爱心、负责任、勤奋踏实的人。不必用言语教育孩子要孝敬老人,只要你孝敬父母公婆,孩子看见了,将来就会效仿;路中有玻璃碎片、刺桠、小岩石,你弯腰捡扔一边,你的这个"善举"行为就在孩子的心中播下"善"的种子。或许你的工种不是很高尚,但你兢兢业业去做,就给了孩子"认真"的品格,有着"认真"品格的孩子,无论是学习还是将来工作,都是优秀的。父母教育子女只有用自己的行动去影响孩子,难以千篇一律,因此,唯有多做,孩子定会受到你潜移默化的影响。

(2) 先改变自己。懂得教育孩子其实也是教育自己的一个过程,常用树立榜样来教育发展孩子的道德行为。

(3)培养儿童的灵性品质。他们知道培养孩子的灵性品质其重要性远远超过智力开发,因为只注重技能的培养(如各种五花八门的早期智力开发兴趣班)，而忽视儿童的精神品质的培养，孩子长大后，其人格会有缺陷，道德发展将受到阻碍。

(4)合理的管束。通过管束孩子来告诉孩子的行为标准，合理的限制孩子来培养孩子的纪律观念。

(5)鼓励孩子建立良好的自我价值观。主动地将基本的价值观和行为方式教给孩子，言传身教，做孩子的好榜样，创建良好的家庭氛围，注重孩子价值观与礼貌的培养。

(6)倾听孩子的心声。无论孩子提出的问题是大还是小，都尽可能立即去倾听他所说的话。

(7)抽时间跟孩子相处。在每天工作之余常腾出时间参加孩子的游戏。

(8) 批评孩子注意方式：不用伤害孩子自尊心或恐吓性的语言；直接明确，不讽刺挖苦，不跟孩子较真；及时批评，当场处理；简明扼要，不翻旧账；当孩子玩有危险性的游戏时，一定严厉批评，批评时充满爱。

(9)培养孩子的志向。注意从小培养孩子树立远大的理想和抱负，在孩子很小的时候就跟他大人化、成人化地谈思想。当孩子有了正确的思想和追求时，在学习上一般不用去管。

(10)培养孩子独立的意识。他们知道,受到父母良好尊重的孩子,同父母大多非常合作,待人友善,懂礼貌,自我独立意识强。经常让孩子做力所能及的事情,别人的事情帮着做,不会的事情学着做,因为孩子总有自己去生活、去工作的时候,父母不可能永远跟着,也不可能总帮得上忙。所以让孩子亲自去体验、感受各种生活,这对孩子的成长才是最重要的。

(11)让孩子学会独立克服困难。让孩子独立克服困难,是孩子"长大"的开始。比如孩子摔倒以后,我们的习惯是马上把孩子扶起来,还要哄孩子不哭。而在西方国家,父母一般是由孩子自己站起来。两种态度,两种不同的教育方式,对培养孩子的独立性格,具有不同的影响。

(12)给孩子提供独立解决问题的机会。孩子爱不爱动脑筋想问题,如何解决问题,是关系到孩子成才的一个重要因素。正确的做法是鼓励孩子动脑筋,想办法。要相信,只要给孩子一点启发和引导,他就会很主动、很积极地探索奇妙的世界了。

(13)为孩子创造一个安全的独立环境。让孩子独立活动,必须注意孩子的安全问题,要教给孩子基本的安全常识,学会躲避危险,学会自我保护。环境安全了,孩子才会有更多独立活动的空间

和机会。

家庭教育是科学，更是艺术。每一位父母都深爱着自己的孩子,只是不同的家长会采取不同的疼爱方式。在变化迅猛的信息时代,和孩子共同成长、理解孩子、尊重孩子,才是纯粹的、科学的、理智的真爱。在孩子身上,有许多东西值得我们学习,在教育孩子的同时,孩子也在改变着我们。历史和现实的许多事例证明,不了解儿童的教育是盲目的教育,不相信儿童的教育是错误的教育,不尊重儿童的教育是专制的教育。向孩子学习，两代人共同成长,是新世纪教育观念的重大变革。现代教育是两代人相互影响的教育,新的时代要用新的观念教育孩子,才能找到教育好孩子的有效办法。

对于人生,“度”是一寓意深刻的字眼,适度是一种智慧、是一种境界、是一种进退自如的从容、是做人做事应当遵循的原则,对孩子的教育亦是如此。家长须从多个角度耐心去解答孩子提出的每一个问题,从而潜移默化地教育培养孩子为人处世、处理问题、待人接物、分清是非、辨别美丑,树立正确的人生观、世界观、价值观和竞争意识。在孩子的成长和生活过程中,让孩子了解生活的艰辛、家庭经济的拮据、理解父母的辛苦,自觉养成勤俭的良好习惯，树立忧患意识。教育子女是一项细致复杂而艰巨的长时期工程，只有根据孩子的不同年龄特点，密切配合学校与老师的工作，用科学的方法，遵循“适度”的原则，从生活中的小事做起、学起、改起，一点点、一步步地正确引导、培养与教育，将孩子造就成德才兼备的人。

第九章 提高孩子抗挫折能力

一、为什么要对孩子进行挫折教育

挫折教育是指让受教育者在受教育的过程中遭受挫折，从而激发受教育者的潜能,以达到使受教育者切实掌握知识的目的。在教育过程中,对受教育者进行挫折教育是非常有必要的。许多到达光辉顶点的人往往不是最聪明的人，而是那些在生活中遭受挫折的人,这是因为,那些自认为自己聪明的人往往会选择走一些所谓的“捷径”,这些所谓的“捷径”往往会丧失一些非常有意义的锻炼机会;而那些生活在逆境中饱经风霜的人,才更能深刻理解什么叫成功。因此,在教学中,对学生进行挫折教育是锻炼提高学生潜能的一种很好的方法。

（一）挫折教育的作用

1. 挫折教育能够激发学生的潜能

在正常的现实生活中，人总有一种潜能不能被激发，这种潜能只有在一些非常的情况下才能被激发。对于学生而言，当其遭受挫折时，便容易激发学生的潜能，越不容易找到答案，就越能激发学生的潜能和探究精神，从而进行研究性学习，切实掌握知识。

2. 挫折教育能打击学生的骄傲情绪

有些学生由于受到年龄、经历、学识等的影响，往往会产生一些不应当有的错误，如：粗心大意、骄傲自满等。在这种情况下，人为地设置一些挫折让其遭受以打击其骄傲情绪是非常有必要的。当然，这种挫折应当有一定的限度，应当在事后给学生说明，并且不是以真正打击学生为目的，而只能是通过这种人为设置的挫折，让学生受到教育，使其明确挫折对自己的作用，并正确认识自己的能力，排除自己的骄傲情绪，戒骄戒躁，从而取得更大的进步。

3. 挫折教育能够使学生真正享受成功的喜悦

学生如果是通过自己的努力解决完一个难题时，那种喜悦是不言而喻的，是无法用语言来形容的，那要比从师长或书本里学到知识更让其感到欣喜。因为从师长或书本里得来的知识，是别人已经整理好的，没有什么趣味性与探究性而言，学生的识记是枯燥无

味的，而只有通过自己的努力与探究掌握的知识才是对自己来说更有意义的学习。“纸上得来终觉浅,要想绝知须躬行”,说的就是这个道理。

4. 挫折教育能够使学生更好地适应现代社会

现代社会是一个充满挑战的社会,在这样的社会中,不遭受挫折是不可能的。如果学生在学校中没有遭受挫折的洗礼,没有正确对待挫折的思想,就好象是温室里的“花朵”,是不可能很好地适应社会的。而只有学生在学校中就遭受许多挫折(无论这种挫折是主动的还是被动的),掌握了应付挫折的方法,在一定程度上讲才能够更好地适应社会。

(二)注意事项

1. 不要给孩子设置无端的挫折；尤其不是随便否定孩子这个人。就事论事,在解决方法上多下功夫。

2. 当孩子自愿挑战而遇到挫折时，家长更多要从方法上给孩子以点到为止的启发和指导,尽可能让孩子自己来解决问题,克服困难,这样才能让孩子体验到成功感及父母的关怀。

3. 生活中,经常会遇到大大小小的“挫折”,这时,家长不要嫌孩子拖拉时间而包办下来,要给孩子足够的时间去思考和探索,解决问题后,引导孩子去总结自己的成功之处在哪里,下一次再面对挑战或挫折时,孩子就会主动积极地去面对。

4. 控制好奖励。不要孩子取得一点点进步,就给予过多的什么物质奖励和过分的赞美之词,让孩子有机会更多些去享受成功后的心灵奖励。过多的物质奖励,将会扭曲孩子的成功体验,甚至为了物质奖励而努力,这我们就大错而特错了。

(三)挫折教育中家长易犯的两个错误

1. 家长不帮孩子总结败因

在社区举行的宝宝才艺比赛中,最终只有三个小朋友获奖,他们在台上喜笑颜开。台下没有得奖的孩子默默无语、表情严肃,我们当家长的也是如此。后来有个女孩扁着嘴小声抽泣,接着所有没得奖的孩子也都哭了。面对这种情况,我们只能安慰孩子:"没关系,输就输吧,得奖的小朋友还没有咱们演得好呢。"

孩子为比赛输了而哭并非坏事,既是情绪的自然发泄,也是一种争强好胜、要求上进的表现。此时家长不能告诉孩子"输就输吧,没关系",否则会助长他无所谓的心态,而是应该帮助他分析失败原因,认识到自己的不足,才能让孩子有收获。

2. 家长把想法强加给孩子

在幼儿园举行的公开课上,很多孩子并不想发言,小手偶尔抬起一点又立刻放下,再扭头看看妈妈的脸色。不少妈妈都拉着脸、

紧皱眉头，用期待的眼神要求孩子尽快发言，于是孩子不得不勉强举手。

家长首先必须改变自己的观念，不要把想当然的想法强加在孩子头上，给孩子更多选择，让他(她)做喜欢的事情，真正从内心去激发抗挫能力，知道跌倒了该如何爬起来。

二、如何对孩子进行的挫折教育

(一)挫折教育不能一蹴而就，家长们应该分为四个阶段循序渐进地对孩子进行“治疗”。

1. 培养孩子的信任感。

适用年龄:0～1岁，低幼阶段。孩子的挫折教育在出生后就应该开始。这个阶段的孩子需要家长格外的照顾与养育，家长应该积极的与孩子建立健康的亲子关系，让孩子对家人及环境产生美好的信任感觉，为与孩子的沟通打下基础。

2. 培养孩子的生活自理能力。

适用年龄:1～3岁，幼儿阶段。当孩子可以站立、行走了，在确保安全的前提下，让他自己独立去完成，不要总是抱着或者帮他迈步等。孩子动作发展的同时也是心理的不断发展完善。孩子稍大后,可以让他试着料理自己的生活,在自理的过程中能够培养孩子的自信心,并迁移到以后的生活和交往中去。

3. 培养孩子心理的独立性。

适用年龄:3~5 岁,幼儿园阶段。 平时我们总会教育孩子要助人为乐,并且也在身体力行地帮助孩子。然而有时候需要孩子独立完成的事情,却给予过多帮助的话,反而会让孩子产生依赖心理。只要是孩子有兴趣的事情就鼓励他独立去做。

4. 培养孩子解决问题的能力。

适用年龄:5~6 岁,学前阶段。 孩子步入课堂后,传统的教育重视数理逻辑和语言表达能力,但这仅仅是学习的一个层面,更重要的是要培养他的求知欲,独立思考和解决问题的能力。不少孩子总喜欢打破沙锅问到底,这就是他在思考问题的表现,此时,家长应该耐心解答,即使是自己回答不出来的问题,也不要怕丢面子,可以和孩子一起查阅书籍、进行试验来探讨。

(二)注意事项

1. 不要给孩子设置无端的挫折;尤其不是随便否定孩子这个人。就事论事,在解决方法上多下功夫。

2. 当孩子自愿挑战而遇到挫折时,家长更多要从方法上给孩子以点到为止的启发和指导，尽可能让孩子自己来解决问题，克服困难，这样才能让孩子体验到成功感及父母的关怀。

3. 生活中，经常会遇到大大小小的“挫折”，这时，家长不要嫌孩子拖拉时间而包办下来，要给孩子足够的时间去思考和探索，解决问题后，引导孩子去总结自己的成功之处在哪里，下一次再面对挑战或挫折时，孩子就会主动积极地去面对。

4. 控制好奖励。不要孩子取得一点点进步，就给予过多的什么物质奖励和过分的赞美之词，让孩子有机会更多些去享受成功后的心灵奖励。过多的物质奖励，将会扭曲孩子的成功体验，甚至为了物质奖励而努力，这我们就大错而特错了。

（三）挫折教育中家长易犯的两个错误

1. 家长不帮孩子总结败因

在社区举行的宝宝才艺比赛中，最终只有三个小朋友获奖，他们在台上喜笑颜开。台下没有得奖的孩子默默无语、表情严肃，我们当家长的也是如此。后来有个女孩扁着嘴小声抽泣，接着所有没得奖的孩子也都哭了。面对这种情况，我们只能安慰孩子：“没关系，输就输吧，得奖的小朋友还没有咱们演得好呢。”

孩子为比赛输了而哭并非坏事，既是情绪的自然发泄，也是一种争强好胜、要求上进的表现。此时家长不能告诉孩子“输就输吧，没关系”,否则会助长他无所谓的心态,而是应该帮助他分析失败原因,认识到自己的不足,才能让孩子有收获。

2. 家长把想法强加给孩子

在幼儿园举行的公开课上,很多孩子并不想发言,小手偶尔抬起一点又立刻放下,再扭头看看妈妈的脸色。不少妈妈都拉着脸、紧皱眉头,用期待的眼神要求孩子尽快发言,于是孩子不得不勉强举手。

家长首先必须改变自己的观念,不要把想当然的想法强加在孩子头上,给孩子更多选择,让他(她)做喜欢的事情,真正从内心去激发抗挫能力,知道跌倒了该如何爬起来。

三、对孩子进行挫折教育的案例分析

人的生命之途不会一马平川,孩子在成长过程中遭遇挫折是不可避免的。作为父母,不希望孩子遭受挫折,但是孩子必须有经受挫折的心理准备。每一位家长都要从小培养孩子应对挫折的能力,让孩子在遭受挫折时,能够从容镇定,直面困难,不屈不挠。今天的家庭,大部分都是一个孩子,宠爱保护有加,挫折教育不够,致

使一些孩子遭到挫折后，消极沉沦，甚至会出现严重问题。

（一）案例

某市一名重点中学的学生，高一时学习成绩全班第一，被评为区级三好学生，可是上高二时因为与老师有一点小摩擦，导致了严重的心理问题，最后不得不休学回家，两年了，没有好转……

湖北省一名女生，平时学习成绩很好，也喜欢帮助同学，老师和同学都很喜欢她。只因一次考试时帮助同学作弊，被老师赶出考场，爱面子的她心理承受不了跳入了长江。

某重点中学一位15岁的初中三年级女生因为议论别人受到班主任的批评，回家后又受到家长的责问，于是便写下一封遗书，割腕未死，又从六楼上跳下，结果造成终身残疾。这个孩子曾六年被评为三好学生，小学毕业前夕被评为北京市优秀少先队员，当年以全校第一名的成绩被保送到市重点中学，初中三年级学习成绩一直名列前茅……

小林今年8岁，上小学二年级，他曾说："原本我是班长，后来因为犯了个错误被老师撤职了。我非常难过，觉得老师不再喜欢我了，同学们看我时，我也觉得他们在嘲笑我。我没脸跟爸爸妈妈说，那段时间爸爸工作忙，也没心情管我。前几天，老师批评我的时候，我辩解了几句，老师说我顶嘴，又把我批评一顿。本来我心里就不舒服,现在更委屈了。回到家我忍不住哭了,可爸妈不但没有安慰我,反过来又骂我。我觉得老师和同学们都讨厌我,坐在教室里特别难受,我不想上学了。”

一家公司招聘职工,一位高才生去考试,发榜后,见没有自己的名字,便跳河自杀。后来发现他考的分数是第一名,原来有人抄分时抄漏了。这位高才生跳河被人救起,闻知自己是第一名便去报到,老板却无论如何也不肯要,理由是:“这么一点挫折便要跳河,到公司遇到更大挫折怎么办?”

在报刊、媒体上我们经常看到有些孩子离家出走,还有的自残、自杀。有的孩子因为考试成绩不理想就产生轻生的念头,有的只因为家长批评稍重或管得严些便会离家出走,有的因为与教师和同学有些摩擦就出现不良的情绪,有的一遇到困难或挫折就自暴自弃……

(二)原因分析

孩子抗挫折能力差的原因是什么呢?造成孩子心理承受力和耐挫力较差的原因是多方面的。

1. 自于家庭教育的失误。现在多数孩子是独生子女,生活在优裕的家庭环境中,习惯于事事处处顺心如意,缺乏遭遇困难的心理准备和面对挫折的体验和锤炼;有的孩子由于家庭亲子关系不正常,孩子缺少父母的爱,感情脆弱,胆小怕事,经不起打击。

2. 自于社会的压力。在这样一个高度竞争的社会里,面对升学与就业的严峻考验,精神过度紧张,使孩子易产生对学习的焦虑情绪和对生活的厌倦情绪,遇到困难和挫折易丧失信心和勇气。

3. 自孩子个人不良素质。有些孩子性格内向,缺少知心朋友,很少和别人沟通,面对复杂的人际关系,感到苦恼迷茫,心理承受力和耐挫力难免较差。尤其是那些平时非常优秀的孩子,抗挫折的能力更差。其原因有学校方面的,更重要的在家长方面。问题表现在子女身上,"根子"却在父母不正确的家庭教育上。正是当今父母对孩子过多的照顾和过多的保护,使孩子没有得到锻炼,没有接受挫折的心理准备。家长只想到保护孩子是不够的,应该教会孩子自己保护自己,教会他们适应各种环境,经受命运的打击。

四、家庭中幼儿挫折教育策略

挫折在一个人学习、生活中是不可避免的。个体应对挫折的能力高低取决于处理挫折、危机的经验,而这些经验不会凭空产生,它需要在具体的实践活动中培养和提高。因此,在强调赏识教育、保护幼儿探索的兴趣和欲望、让幼儿在顺境中建立起自信心的同时，还应利用挫折来进行教育，以增强幼儿对挫折的抵抗力，培养其良好的个性和社会性。

幼儿家庭挫折教育策略有如下几点。

1. 赋予挫折应有的教育地位

大部分家长出于对幼儿的保护意识，会有意识地避免幼儿受挫折，尽力为幼儿营造一帆风顺的体验。根据行为主义理论，学习就是特定刺激和反应之间联结的形成。虽然过度的挫折刺激不一定能形成幼儿对挫折的正确反应，但如果没有相应的挫折刺激，也就无所谓积极应对行为的形成。即，回避挫折事实的做法，不能使幼儿获得对挫折的抵抗或“免疫”力，只会造成幼儿对防不胜防的挫折的“过敏反应”——不知所措、焦虑、沮丧、退缩等，最终由于成人过度保护而造成幼儿抗挫能力低下、心理脆弱等的后果。所以，家长在对子女教育问题上，要给予挫折应有的教育地位，充分认识到适度的挫折教育是保障幼儿健康成长教育过程的一部分，有意识地利用挫折情境，进行积极的挫折教育，使幼儿在经受积极的挫折教育的历程中产生抗挫折能力。

2. 善于捕捉挫折教育机会

幼儿由于受身心发展水平的限制，在日常的生活、学习和社会交往中,挫折感是随处随时可见的,如生活自理能力不强,同伴冲突发生,学习困难等。“生活即教育”,儿童成长的过程跟儿童与周围环境的交互作用、相互适应过程是辩证统一的。所以,幼儿生活当中的每一个经历都对其成长有着特定的作用,而教育的目的就是最大可能地提供给幼儿正面的教育效应。幼儿挫折教育无需刻意设计。家长们需要

细心观察、捕捉幼儿生活当中的细节,善于利用幼儿生活情境中的挫折情境,对幼儿进行积极的挫折教育,使幼儿在日常生活点滴中不断积累应付挫折的知识经验。

3. 重在引导幼儿对挫折的正确认知

根据艾里斯的挫折 ABC 理论,挫折是否引起人的消极反应和人遭遇的挫折本身没有必然的因果联系,而对挫折认知的正确与否,会直接影响人遭遇挫折后的情感和行为。所以,帮助幼儿形成对挫折的正确认知是幼儿挫折教育的第一步也是最关键的一步。在教育过程中,家长应帮助幼儿认识到:挫折具有普遍性,每个人都会碰到;挫折是一把“双刃剑”,关键是看你怎么对待它;挫折不一定就是坏事,它也许是在提醒人们目标的制定是否恰当,或者是方法对不对头;首先是对挫折原因的正确分析,然后是找到解决的办法,等等。

4. 给幼儿营造充满关爱的环境

相对于外在客观世界,幼儿是弱小的。幼儿在面对挫折时,一般会出现悲观、失望、退缩等情绪反应,这些情绪的出现一般是基于对挫折的错误认知、错误归因等。如果没有得到恰当的引导和帮助,不能从负面情绪当中走出来,孩子容易形成习惯性的对挫折的消极反应,久而久之,这种习惯性的心理状态就会固化成为一种应对挫折的消极心理品质,更谈不上有较强的抗挫能力了。

所以,当孩子处于挫折情境中时,家长应主动与孩子沟通,听孩子倾诉,充分了解孩子受挫的过程和感受,并给予鼓励和安慰,使幼儿有勇气正视挫折,并引导幼儿正确归因,积极寻找对策,直至成功走出挫折的阴影,从而避免幼儿独自面对挫折时产生的恐惧感,甚至形成自卑、懦弱、封闭的性格。幼儿经历在成人关爱下战胜挫折的过程,体验战胜挫折后的愉悦,才会由被动应对挫折进入主动应对挫折的阶段。

5. 利用挫折促进幼儿良好个性的培养

对于因幼儿身心发展的未完成性、自身能力欠缺所造成的挫折感,如扣子扣不上、不会做某个动作、做不好某个手工作品等。家长应该在引导幼儿分析造成挫折的客观原因、寻找对策、尝试解决的过程中，提升幼儿自己的动手操作能力，增加幼儿的自信心。

对于因幼儿本身不良个性所造成的挫折感，如因过分任性、自我中心等原因受到小朋友冷落、挨老师批评等，在幼儿对已有后果的深刻体验的前提下，家长应积极引导幼儿反省造成挫折的个人原因，引导幼儿站在他人的角度来看问题，在培养幼儿正确对待挫折的同时，逐渐培养幼儿遵守基本行为规则、正确与人交往、互助及合作意识等。

对于因他人不公正行为所造成的幼儿的挫折感，如老师不理智的处理方式、小伙伴的嘲笑等，家长应鼓励幼儿主动用行动证明自己，而不是一味地处于受挫的消极情绪中不能自拔，从而培养幼儿努力做好力所能及的事、不怕困难、自己对自己负责的意识等。

6. 注意自身的榜样示范作用

一方面，家长对待生活中的挫折和困境的态度和处理方式会对幼儿抗挫意识和能力的形成有潜移默化的影响。所以，家长应注意在挫折和困境面前展示给幼儿积极、坚强、充满自信的形象。另一方面，要正确处理亲子冲突。正确的处理方式不仅是对幼儿的一个良好的示范作用，还会避免家长因自己不当的处理方式对幼儿造成不必要的挫折感。

五、提高儿童抗挫折能力

挫折就是引起人们精神紧张和心理变化的刺激性生活事件。生活中总会遇到一些挫折，理应承受挫折带来的干扰和障碍，这是一种普遍的心理现象，但是目前我国青少年学生面对挫折的承受能力确实令人堪忧!日本教育家井深大说过："最吃苦头的自然是娇生惯养中长大的孩子本身，因为生活中毕竟不光有甜，还会同时伴有酸、咸、苦、辣，现在光喂甜食，将来难免会反胃，只有尝遍了辛酸苦辣后，才能最后品尝出生活的甘甜。"我国自古就有"自己跌倒自己爬起"的古训，孩子最终要摆脱父母这根拐杖，自己走向社会。

提出一些建议。

1. 抗挫折能力培养的土壤——家庭教育

首先家长应该明白要想孩子以后能在社会上立足，培养孩子的自信心和适应能力是家庭教育的核心，而衡量的重要指标就是抗挫折教育。

(1)培养孩子的自信心

自信对于每一个人都很重要,它会给我们积极正面的暗示,培养孩子的自信心是家庭教育的首要职责。

(2)培养孩子的社会适应能力

培养社会适应能力的核心是培养孩子自立,自立是人成长的重要环节,如果孩子不能自立,就没有创造性,只能顺从其他人,也就难以在社会上生存。我们可以在生活、学习和活动中去培养孩子的社会适应能力。

①生活中我们要培养孩子的自理能力。

每个儿童都有自己的独特的性格特点,他们表现自己主动、独立的方式各异,有的明显外露,有的外部表现不明显,但内心却同样孕育着自己的认识和想法,只是有的家长没有敏锐地感觉到。其实只要我们仔细观察,孩子是很乐于做一些家务事的。小时候可以让他们穿衣服,脱衣服,长大了帮助妈妈扫地、做家务、烧饭等等,要孩子学会生活自理,循序渐进。同时,在培养孩子自理能力时,家长要具体指导、示范,要有耐心、恒心,不要操之过急,要正确对待初学生活自理时孩子出现的失误,更不能有教他做还不如自己一手包省事的思想,要一点一滴地从具体生活小事着手,培养和提高孩子的自理能力,让他们真正成为生活的主人。

②学习上培养孩子自主学习的能力。

学习的过程中会遇到很多问题，要尽量让孩子自己去解决问题，这样可以培养孩子的独立思考能力，即使是有解决不了的问题,家长也不能包办代替,而是要协助孩子分析问题解决问题,不要让孩子养成依赖的心理,而是要让孩子明白学习是自己的任务,一定要尽力自己解决。独立性的培养需要训练,也需要坚持,当孩子能够按照父母预定的目标开始做事的时候,父母要及时鼓励,让孩子对自己有信心,认为自己能行。当然,也许有些事情孩子还做不好,遇到这种情况,要分析原因,如果确实是孩子力所不能及的事情,父母可以给予帮助。

活动中培养孩子克服困难的勇气。

(3)在活动中培养孩子克服挫折的能力和勇气。

①家长的榜样作用

父母是孩子的第一任老师,家长的身教重于言教,因此当遇到挫折时,特别是看起来不起眼的生活小事时,家长要首先承担起责任,给孩子以潜移默化的影响,起到示范作用。

②创设有效情境,积极引导。

家长要在儿童的各个方面抓住时机,因势利导,比如当孩子在做家务的时候会遇到一些挫折,家长要因势利导,鼓励孩子,注重做的过程,给予赏识教育,有意识地提供适度的挫折,情境,这对孩子的吃苦精神、意志品质,培养他们克服困难的勇气、承受挫折的能力,都是十分有益的。

2. 儿童抗挫折能力培养的社会途径

人既是一个自然人又是一个社会人，自然人要转变成社会人必定要经过社会化的一个过程,因此,儿童身处的这个大千世界就是一个社会化的过程,但是社会化的结果却并不雷同,特别是在改革开放竞争激烈的今天，不同的社会舆论和导向也无时不刻影响着儿童,并且对当代的儿童提出了更高的要求,但是独生子女现象让儿童生活在襁褓之中,抗挫折能力不高。正因为如此,才有了全国少工委的“跨世纪中国少年的雏鹰行动”,才有了《中共中央关于进一步加强和改进学校德育工作的若干意见》的出台,帮助儿童提高心理素质,健全人格,增强抗挫折和适应环境的能力。我觉得可以从以下社会途径来促进儿童抗挫折能力的培养。

(1)提供各种活动机会让儿童在活动中体验到挫折,以增强其抗挫折能力。

如组织各种儿童夏令营和磨难教育活动，比如夏令营、冬令营、远征队以及到实验基地劳动和参加各种公益活动等，在社会上营造一种积极健康的氛围，增强儿童独立生存吃苦耐劳和抗挫折教育的能力。

(2)构建和谐的社会氛围。

心理学认为：抗挫折能力的培养，应该是在无心理准备的情况下进行的，上述的活动是有意识准备的，事实上生活中的挫折常常是突发性的，因此在这个意义上说，只有经受住毫无心理准备的挫折才能算是真正的具备了抗挫折的能力。实践证明：只有构建一种积极健康的、自主自发的、适应我国国情和儿童身心发展特点的社会氛围，并且坚持不懈，才能把这项过程落到实处。

(3)要把抗挫折教育纳入德育范畴。

首先要发挥榜样的教育作用，请老红军、老八路讲艰苦奋斗的革命传统，邀请著名劳模、企业家介绍他们的创业之路，使儿童从小培养艰苦奋斗，不怕挫折，敢于竞争的精神。其次，要把抗挫折教育的内容纳入家长学校教学和研究范畴，使家长在家庭中有意识地创造抗挫折教育的氛围及和谐的家庭环境，配合学校实施抗挫

折教育。再次,要设立家庭劳动岗,通过家务劳动培养儿童的抗挫折能力。

3. 儿童抗挫折教育的自我培养途径。

培养儿童抗挫折能力的关键是在儿童本身。儿童的潜力是无限的,只要我们积极发掘这种潜力,就一定能够做到。

(1)自控能力的培养。

自控能力差也可以说是意志力差，而意志行为是以明确的目的和克服困难为主要特征的,是克服困难、抵抗挫折的内部动力,因此磨练意志是培养自控能力的核心。

(2)应变能力的培养。

应变能力就是受到挫折后的适应性、灵敏性的综合性表现,它决定儿童受到挫折后会寻找何种方法解决,会采取何种行动。

①树立科学的人生观价值观,以正确的态度正确对待挫折。

正确的人生观价值观可以引领儿童朝着目标坚定不移地走下去,有利于形成道德情感,也是儿童进行个人修养的重要方面,只有将科学的信念渗透着深厚的情感因素时，他们对事物的认识才更深刻,行动起来才更坚定。

②培养儿童对待挫折的良好心理,做好自我心理救护。

首先正确认识自己自己，每个人有长处，就有短处。“尺有所短，寸有所长”。另外对于每一次结果怎么样，应该有一种坦然的态度，要掌握这种思维的哲学。再次鼓励孩子讲出每天，每件事的感受，对于积极的情感给予赞扬，对于消极的东西给予疏导，保持终日的好心情有助于孩子的身心发展。

③总结经验教训，提高解决问题的方法。

每一个人都会遭受不同的挫折，有的挫折还会再次降临，这时要做的是笑着面对，利用已有的抗挫折的经验教训战胜挫折，所以总结经验教训对于提高抗挫折能力有着积极的意义。

用发展的观点来看，我们赞成赏识教育，但挫折教育对儿童来说并不是坏事，因为挫折对他们来说也是一种锻炼，关键在于教师、家长的正确引导。儿童是祖国的未来，祖国的希望，是新世纪的栋梁，但是现实情况不容乐观，因此我们要加快儿童抗挫折教育的步伐，让儿童“越挫越勇”，使他们懂得怎样正确对待挫折、失败、困难，逐步养成顽强的意志和良好的心理品质，从而在挫折面前具备较强的意志和良好的品质，具备较强的心理承受能力，无论对于他们个性的培养，身心的可持续发展，还是中华民族的未来，都具有重大而深远的现实作用和战略意义。

六、培养孩子抗挫折的好习惯

1. 父母要树立挫折教育意识。

许多父母都认为,幼小的孩子心理承受能力差,应该对孩子保护有加,挫折会让孩子感到痛苦和紧张,不应该让孩子遭受太多的挫折。这种观念直接影响了孩子。

其实,一个人受点挫折,尤其是早期受一些挫折,很有好处。孩子遭受挫折的经历有利于培养现代人的良好品德;有利于发展人的非智力因素;有利于丰富知识,提高能力。故家长应正确看待挫折的教育价值,把它看成是磨炼意志、提高适应力的好方法。

当然,如果父母一味地把挫折教育看成是吃苦教育,专门让孩子参加一些以吃苦教育为主的夏令营,或者参加一些探险、到边远穷山村去体验的活动等,这是片面的挫折教育,或只能说是挫折教育的一个方面。

事实上,挫折教育的目的是让孩子在体验中学会面对困难并战胜挫折,培养孩子的一种耐挫折能力。它不仅包括吃苦教育、生存教育、社会教育、心理教育，也包括独立、勇气、意志及心理承受力等方面的培养。也就是说挫折教育的内容是多方面的，它的目的不只是让孩子吃点苦、受点挫折，而是时时地、潜移默化地从各方面着手培养孩子的抗挫折能力和耐挫折能力。

有挫折教育意识的父母可以把自己事业和家庭生活中遇到的挫折和不如意告诉孩子，让孩子对挫折有一个全面的认识，为孩子正确对待各种挫折和不如意树立榜样。在这种情况下，父母对生活的热爱、执着、不怕困难的态度和坚强的意志，是孩子面对挫折的最强有力的精神支柱。

2. 让孩子学会自己生活。

有这样一个例子：

一个美国孩子摔倒了，母亲说："宝贝，自己站起来！"然后用鼓励的眼神望着孩子，直到孩子自己站起来；

一个非洲孩子摔倒了，母亲没有说话，只在孩子旁边反复模仿摔倒并站起来，以无声的实际行动教孩子自己站起来；

一个中国的孩子摔倒了，母亲马上跑过去，扶起孩子，不停地说："宝贝，别哭，摔着没有？"有的母亲还直跺地面："都怨地不好，让宝宝摔倒了，妈妈打地，宝宝乖！"于是，孩子不哭了。

将来成长的孩子中，美国的孩子独立坚强，从小就学会了照顾自己，再富裕的家庭出来的孩子也会用自己的双手去劳动养活自己；非洲的孩子也能自己照顾自己，从小就离开父母去闯世界；而中国的孩子似乎永远生活在父母的“保护伞”中，无法独立生活。

进行挫折教育的目的就是使孩子在现实生活中具有独立生存的能力，能独立面对挫折，较好地解决问题。美国人对孩子的教育是值得借鉴的。美国教育专家认为，培养孩子的抗挫折能力，就是要培养孩子独立生活的能力。美国的孩子从小就单独拥有自己的房间，自己活动，锻炼独立生活能力。很多美国大学生都是自己去挣钱来交学费的。孩子成家的时候，父母往往也只送上一个祝福，而不像中国父母那样要为儿子买房子、为女儿置办嫁妆等。

因此，我们的父母应该从小就锻炼孩子独立生活的能力，从两三岁开始就可以让孩子独立睡眠，要求孩子自己吃饭、入厕、穿衣服、整理床铺、收拾玩具等；孩子稍微大一些，就可以让其打扫房间、替父母买东西等；再大一些，可以要求孩子独立解决问题，自己挣钱来花等。父母对孩子的要求要一致，不要产生分歧，这样不利于孩子的培养。只有从小让孩子学会独立生活，他才可能在生活中成熟起来，提高抗挫折能力。

3. 给孩子设定一些挫折障碍。

每个人都经常会遇到困难和挫折，对于孩子来说，在成长的道路上难免要遇到苦难、阻碍，如果孩子平时走惯平坦路、听惯顺耳话、做惯顺心事，那么一旦他们遇到困难，就会不习惯，从而束手无策，情绪紧张，容易导致失败。所以父母不妨在平时学习和生活中有意地给孩子设置些障碍，以此来培养孩子的抗挫折能力。

例如，在外出游玩的时候，妈妈和 4 岁的儿子一起去爬山，山路高低不平，对于 4 岁的孩子来说是非常难走的。但是，妈妈却有意识地让孩子跌跌撞撞地走，直到孩子踩到一颗小石子摔坐在地上，妈妈才对孩子说："呀，摔倒了？勇敢的孩子要自己站起来哦！"

在设置障碍时，父母要有目的、有针对性地组织障碍性活动，这样既有利于提高孩子的适应能力，增强其韧性，同时又不会超过每个儿童的心理承受限度。例如，对于幼小的孩子，如果孩子拿不到他想要的物品，父母不要马上拿给他，而要让孩子动脑筋，想想怎样才能拿到物品。对于稍微大一些的孩子，可让他参加各种劳

动，在劳动中体验生活的艰辛；也可让孩子多参加集体游戏，在游戏中让他体验到失败和不如意等。

4. 鼓励孩子克服困难和挫折。

有的孩子在逆境中易产生消极反应，往往会垂头丧气，采取退避的方式。要改变这种现象，就必须在孩子遇到困难时，教育孩子勇敢面对挫折，向困难发起挑战。例如，当孩子登山怕高、怕摔跤时，就应该鼓励孩子说："别怕，你行的！摔一跤算什么？""你真勇敢！"当孩子一次次战胜困难时，他们便会增添勇气，激起战胜困难的愿望，害怕的心理就会消失，自信心就会增强，这时孩子会认为自己行，自己可以克服困难，抗挫折能力也就培养起来了。

鼓励孩子克服困难和挫折有没有具体的方法？美国的儿童心理学家曾经教给家长们一个叫做"3C"的办法来帮助孩子们度过困境。这"3C"是指 Control（调整），Challenge（挑战）和 Commitment（承诺）。

"调整"指的是一种心理上、情绪上的调整，是为了帮助孩子认识到"困难并不等于绝境"。例如，8 岁的桐桐在数学比赛中失败了，妈妈是这样"调整"桐桐的心态的："我知道考得不好你心里很难受，但是，你的其他课程考得非常不错呀。”

“挑战”指的是给孩子一种心理挑战，让他学会在不高兴的事情中看到快乐的一面。例如，妈妈继续安慰桐桐：“一次考试不好，心里确实不好受，但是，妈妈知道你是一个上进的人，我知道不管在什么考试中，你都试图考得更好，妈妈相信你在下次的数学考试中就能考好的。”

“承诺”指的是用承诺的方式帮助孩子看到生活更为广大的目的和意义。例如，妈妈对桐桐说：“你觉得考得不好让妈妈很失望，但是，妈妈一直是以你为荣的。不管你考得怎样，只要你认真去考了，妈妈都为你感到骄傲。”

通过调整、挑战和承诺，桐桐明显地感觉好多了。事实上，鼓励孩子克服困难和挫折的关键就是父母对孩子的努力和行为作出正确的评价，让孩子也能够正确评价自己的行为和结果之间的关系。

5. 在孩子失败后，温情地鼓励孩子

生活中的不如意太多了，对孩子来说，家人的温情与支持是信心的来源。人是有感情的动物，我们多么希望孩子能一切顺利，但是挫折却像影子一样跟随着孩子的一生，我们只好把它当做生活里正常的一部分，以一颗平常心去对待。因此，当孩子面对挫折的

时候，父母更应看重孩子的心灵，用温情去温暖孩子，对孩子进行引导，避免挫折对孩子的心灵造成伤害。例如，在《请给孩子松绑》一书中有这样一个例子：

当陈元的父亲得知陈元与国际奥赛失之交臂的消息后，他很能体会女儿的伤痛，但他不能帮孩子找替罪羊，于是他写了一封短信压在陈元的书桌上，然后去机场接陈元，他深深地懂得应该帮女儿恢复情绪。

没有经历过奥赛层层选拔步步攀登的，很难体会其中的艰苦。陈元花了好几年的时间来准备奥赛，数不清的日日夜夜，做了数不清的题，忍受了只有她自己才知道的那么多艰难困苦，顶住了那么多考场之外的压力。但是，她的汗水和心血，以及亲人、同学、教师们揪心的焦虑，如今只有一瞬间，仿佛都付之东流了。

这就是竞争。竞争往往是残酷的。陈元在七轮理论考试中发挥出色，但在四次实验中却发生了一次失误。

陈元后来说，那次实验是所有考试中题目最容易的一次。那次实验的时间定在晚上。陈元说，当时不知是怎么一回事，走进实验室，脑子里忽然觉得一片空白。她说她不习惯在晚上做实验，她从没有在晚上做过实验。她面对那道实际是最容易的题目没有写下一个字。

这当然就成为她不能入选国家队的理由。

当她在距国际奥赛仅一步之遥的地方却又失之交臂了。这对于一个16岁的涉世未深的女孩子来说，无疑是一次重创。她会感到痛心，感到悲伤，感到难过。她在机场见到爸爸的时候，泪流满面。

父亲见到女儿时，表面上很开朗地笑着，其实他的心情也很沉重。

陈元回到家里，把自己关进熟悉的书房，她第一眼看到的，是爸爸放在桌上的信。

我们的女儿：

我们像欢迎凯旋的英雄一样欢迎你的归来。因为你没有失败，你已经竭尽了你的最大的努力，你是胜利者。没有进国家队，这是遗憾，但你从中得到的经历，得到的锻炼，得到的启迪，你所认识的社会，认识的人生，远比你进国家队的意义要丰富得多，宝贵得多，这是你人生的一个新的起点。你会经得起挫折、委屈，你会因此而奋起，而攀登你人生的又一高峰。

记得你念小学时,从浏正街小学转到了修业小学,在浏正街所受的委屈,那段经历,激励了你从小学到中学一直奋发努力,可以说,那是你人生道路上的财富。同样,在合肥科大的这段经历,更会激励你在即将开始的大学生涯(甚至去国外学习)拼搏进取,因为你经受了挫折,你已经懂事了!

你的爸爸妈妈,爷爷奶奶,永远是你的后盾,你温馨的家,永远是你休息的港湾。

爸爸

1997年5月1日

后来,当有人问起陈元在集训队的具体情况,问起她究竟是因为什么而没有入选国家队时,陈元的父亲及家人都是很简单地回答说,因为陈元在做实验时发生了一次失误,陈元没有能经受住那种近于严酷的考验。

虽然,陈元的父亲心里想的,比这要多得多,复杂得多。但他不能也不愿意替陈元寻找任何开脱的理由,一切都只能由她自己承担。他这是从陈元的长远考虑,希望她能正确对待这次失败,学会适应挫折,他希望能真正把一件坏事变成好事。

在日常生活中，尤其是当孩子在遭到困难和挫折的打击后，父母一定要用自己的温情去鼓励孩子，让孩子及时地树立信心。穆尼尔·纳素夫在《愿你生活更美好》一书中说："孩子犯错误的时候不要埋怨他们，也不要奚落他们，应该帮助他们从失败走向胜利，帮助他们找到光明，特别是在他们处于十字路口的时候。"

6.提高孩子的应变能力。

灵活应变是指能够因应各种环境及状况而作适当的调适，同时还能充分掌握自我，沉着而不失理智。这是孩子处理困难和挫折的重要能力。培养应变能力，随时准备行动，把握机会或解决问题，可以帮助孩子变得更果断。

有一个女孩，遇到父母因急事没有回家，不知所措的她竟然在门外等候了近 6 小时，如果不是被邻居发现并领回家中，很可能就在门外过一晚上。

事后，隔壁邻居艾女士是这样说的："幸亏我昨天晚上回来时，看见孩子坐在家门口。要不在那里坐一晚上还不冻死了……"艾女士说，她回来的时候，楼道里没有灯，漆黑漆黑看不清楚，开始她没在意，上到 4 楼才隐约听见哭声，下去一看，原来是一个孩子坐在门口缩成一团在那里哭，问了她好几次怎么回事，她才说是爸妈

不在家，她开不了门。艾女士起身一看，门上原来贴着条子，让孩子回来后去奶奶家里，可能是孩子没看字条。回到家，艾女士连忙给又冻又饿的孩子做了点吃的，安排孩子睡下。

这个孩子在回家的时候，发现父母不在家，她居然只会在门口等，而不知道去邻居家，或者给亲戚打电话。如果不是邻居及时发现了她，说不定她真会在门外冻上一个晚上。为什么现在的孩子这么缺乏应变能力？提高孩子的应变能力真的是太重要了。

一个只有5岁大的外国小女孩，在一个大雪纷飞并且完全与外界失去通讯联络的晚上，成功地帮助母亲分娩了一个男婴。假如小女孩在这种意外情况下只会哭、只会怕，后果将不可想像，但是，她能够灵活应变，具有较强的应变能力。这是需要中国父母深思的。

在日常生活中，家长应有意识地加强对孩子应变能力的培养。一是培养孩子适应自身生理或心理变化的能力，如身体的某个部位不舒服能及时告诉成人；心里有烦恼时，知道向父母或知心伙伴倾诉。二是培养孩子适应周围环境变化的能力。比如，应该知道早晚气温不同，应该注意保暖；应该知道出门要带什么东西；应该知道不同的地方可能会发生什么情况等。三是培养孩子对突如其来事件的应变能力。如遇到突然停电时,怎样去点蜡烛、开手电筒;遇到陌生人问路,应该怎样避免被骗;遇到煤气泄露怎样去控制;着火了知道用灭火器浇灭,迅速转移易燃品等。四是培养孩子对不同事物做出不同反应的能力。如要相信他人,但是,对于陌生人,或者心存不良的人又要采取提防的心理;如果父母生病了应该怎么办,老人生病了应该怎么办,等等。这些都要教孩子去判断。

只有培养孩子具有较强的应变能力，遭到任何紧急情况才会将损失降到最低程度,争取到最好的结果。

(四)培养学习的习惯

学习是一个终身的过程,孩子将要不断地经历学习、工作、取得经验、再学习这样一个循环往复的过程。

一个人的学习能力并不完全取决于他的智力水平，很大程度上是取受制于这个人怎样使用他的智力。

对于孩子来说,如果他有良好的使用智力的习惯,他体现出来的能力也是超乎想像的。也就是说，只要孩子拥有良好的学习习惯,智力天赋并不高的孩子也能够取得很好的学习成绩,也能够在学习中取得成就。

第十章
提高孩子自我生活管理能力

一、孩子的自我概念及生活目标

当孩子渐长时，他们会发展新的信念，建立新的价值观，及改变自我知觉的方式。如果真实自我与理想自我间存有极大差距，那自我概念将会改变。理想自我是孩子所期望的自我：聪明、有才能、美貌等等；而真实自我是孩子所相信的自己，譬如“我是弱者，我应该坚强点”等。

而青少年期是人生发展过程的危险时期，尤其是对于年龄较大或智力高的青少年而言。通常危险是指青少年在学校、社会关系或与异性关系上所扮演的角色，而性方面与外貌的发展也经常影响青少年的自我概念。例如,早熟的少女面对晚熟的朋友会觉得尴尬不安,而晚熟的男孩则会有自卑感。总之,青少年期是孩子探索成人意义的时期。

生活形态包含人们决定如何生活的远程目标，而这些远程目标是以个人早年生活中所做的决定为基础。“归属感”是一个希望被接纳的感觉,是人类的基本目标。当目标能借正向行为获得满足时,就不至于产生不良行为。但是当孩子认为正向行为根本不可能达成目标时,就会以不良行为方式以寻求他人的接纳。

当孩子对远程目标失望时，他们可能决定不以正当途径来达成目标,转而寻求以不良行为达到目的的手段。正如下面的案例:珍珍的长远目标是“拥有控制力”,但当她觉得无法以正当途径达成目标时，可能会借着不良的行为方式以获取对父母或同伴的控制,她追求目标失败时可能会产生报复、自暴自弃、疏离家庭或哗众取宠吸引他人注意的行为。珍珍也许会以尝试危险的事情为乐,借着潜伏危险的行为达到自我兴奋,譬如与异性发生性关系、偷窃等，也可能以成为作弊高手或喝酒等方式来寻求同伴接纳或追求优越感。

追求负向目标的青少年内心有很深的沮丧感，而寻求正向目标的青少年通常在生活中较有安全感，他们觉得自己的远程目标即将达成。

二、教孩子学会自我管理的方法

自我管理在管理界非常受重视，对于孩子来说，自我管理也是非常重要的。孩子走上社会前，必须会进行自我管理。

随着孩子年龄的增长，能力的提高，活动范围的扩大，他会意识到需要管好自己，也就是自我管理，但是，许多孩子由于经验太少，缺乏自我约束的意识，在自我管理上往往表现得不尽如人意。许多父母都希望孩子能够出国留学，而出国留学恰恰需要孩子有较强的自我管理能力。有专家认为，中国学生的问题不是智力问题而是管理的问题。大部分学生没有自我管理的能力，一旦离开父母生活，他将无法很好地管理自己。

如果父母能从小培养孩子自己的事情自己做，自己的东西自己管，自己的生活自己安排的自我管理习惯，就能增强孩子行动的独立性、目的性和计划性，这对于孩子今后生活的幸福和成功无疑是有巨大的帮助的。

孩子的自我管理,有个从被动到主动,从低级到高级,从不自觉到自觉的发展过程。随着年龄的增长和年级的增高,孩子的自我意识水平也不断增强,孩子的自我管理能力及自我管理水平也随之提高。那么,作为家长,怎样培养孩子自我管理的好习惯呢?

(一)教孩子学会管理自己的生活。

有一个故事是这样的:

一个猎人,打猎时捡了几只刚出生不久的小狮子,就把它们带回家中精心喂养。这几只小狮子慢慢长大了,它们生活无忧无虑,有吃有喝,自在幸福。当然,它们都关在笼子里,猎人给他们设计的笼子也是温暖而舒适的。没想到,一不小心,一只小狮子从笼子里跑了出去,猎人到处寻找也没有找到。而其他几只呢?还在受着保护。

一天,那个猎人外出打猎后再也没有回来,习惯了被喂养和保护的小狮子们最后被活活饿死了。而那只当年跑出去的小狮子呢?它已经变成了一只野狮子。它独自在野外时,饿了自己找食吃;渴了自己找水喝;受了伤,它学会了用舌头舔伤口;遇到敌人,它知道怎样保护自己。正是这种独立的、不依靠别人的习惯,使它在大自

然的环境里顺利地活了下来。

能不能在生活中管好自己,这是自我管理能力中最重要的。如果孩子无法管理自己的生活起居，我们很难想像他能够管好其他事情。

在这一点上,国外的一些父母做得相当好。

比如,韩国人比较喜欢周末全家出游。不管孩子多大,哪怕只有两三岁,父母都会带上他。而且,父母都会让孩子自己走,自己去照顾自己。有时,小孩子爬累了,走不动了,家长们也很少抱起他们,而只是在一边等他们休息一会儿再接着走。韩国父母认为,应该从小就锻炼孩子的生活自理能力,这样孩子才会学会自我管理。

而中国的很多父母,往往对孩子照顾有加,使孩子常处于“中心地位”:东西乱扔了,大人来收拾;衣服穿脏了,大人立即洗。这样的孩子一旦离开父母就无法生活了。因此,做父母的应该放手让孩子去实践,在实践中学会积累经验,培养自我管理能力。平时要注意培养孩子自我管理的意识，例如，让孩子把玩完的玩具放进柜里,作业做完后收拾书包等,久而久之,他会学会约束、控制自己,形成良好的自我管理的习惯。

(二)教孩子学会管理自己的学习。

孩子上学以后，父母要教给孩子有关学校生活的常识,要求孩子爱护和整理书包、课本、画册、文具;学会削铅笔,使用剪刀、铅笔刀、橡皮和其他工具,并能按老师的要求制作简单的教具等。

许多父母都会抱怨:孩子不会整理书包,书包里乱得像“纸篓”,家长只好每天帮他整理。事实上,孩子形成这种毛病主要原因就是家长包办一切,未能培养起孩子自我管理的能力。所以,在上学前的这段时间里,家长要让孩子自己整理图书、玩具,收拾书包和生活用品,以培养孩子自我管理的能力。

当孩子进入小学后，父母还要注意不要替孩子做作业或者检查作业——孩子应该自己去做这些事情。一旦父母帮助孩子检查作业了,孩子不但自己不检查作业,反而觉得这是父母的事情,对学习的兴趣也会降低。

还要注意的一个问题是,当学习与其他方面产生矛盾时,孩子应怎样处理。比如,一个爱好课外阅读的孩子,在做作业与看书方面往往会产生矛盾。父母要引导孩子把重点放在做作业上,在作业完成的基础上,允许孩子看一些课外阅读的内容。再比如,如果孩子是一名学生干部,当他的学习和工作发生冲突时,他如何来协调这两方面的矛盾呢?在这个时候,父母就应该教育孩子想出一个既

不耽误学习，又能当好学生干部的好办法来，这也是自我管理的一个重要方面。

（三）让孩子学会管理自己的情绪。

在艾森豪威尔10岁时，他父母让他的两个哥哥在圣诞节前去远足，却坚决不同意他去。艾森豪威尔感到十分愤怒，他冲到屋外，捏紧拳头在苹果树上猛击。他一面哭一面打，双拳血肉模糊都没感觉到。最后，艾森豪威尔被父亲拖回家中，但是，父亲并没有呵斥他。

这时，母亲进来给他涂上止痛药，并扎上绷带，但是，母亲也没有安慰他。又恨又怒的艾森豪威尔倒在床上大哭了一个小时。直到他平静后，母亲才进来对他说："能控制自己情绪的人要比能拿下一座城市的人更伟大。发怒是自我毁伤，是毫无用处的，需要好好克服。"

母亲的告诫深深地印在了艾森豪威尔的心中。在76岁时，艾森豪威尔写道："我一直回想起那一次谈话，把它看做是我一生中最珍贵的时刻之一。"

遇事不如意或遭遇突发事件时，孩子往往会表现出情绪不稳定，或者是大喜大悲，或者是做事不顾后果，容易冲动。而善于自我管理的孩子就知道情绪是怎么回事,情绪的体验是什么,应该怎样去正确释放自己的情绪等。

比如,有些孩子喜欢骂人,说脏话。他们虽然知道骂人、说脏话是不对的,每次骂人、说脏话以后也常常后悔,但是由于已经习以为常,所以总无法控制住。针对这种情况,父母要教育孩子正确对待与他人的摩擦。许多孩子的骂人其实是对自己受到伤害的一种情感宣泄。例如:东西被他人偷走,自己被他人踩了一脚,等等。父母应教育孩子以平和的心态看待与他人之间的摩擦,让孩子学会宽容他人的过失。

父母可以和孩子达成一种协议,当孩子在气愤、想发泄时,父母用某种事先约定好的语言或目光暗示孩子,让孩子及时冷静地想一想,考虑如何文明地表达自己的意思,从而去掉不文明的语言习惯。

有一位脾气非常暴躁的男孩,他的父亲为了帮助孩子控制自己的情绪和行为,想出了一个办法。

这天,父亲把男孩叫到一面墙壁面前,对男孩说:"孩子,爸爸知道你脾气不太好,这也不是你希望的。但是,骂人,脾气不好会影响到别人。这样吧,从今天开始,你感到自己要发火的

时候，就在这面墙壁上贴个图标。”然后，父亲给了小男孩一叠图标。

一周后，墙壁上果然贴上了许多图标。一天晚上，父亲指着墙壁对男孩说：“孩子，你看到自己的坏脾气了吗？”男孩不好意思地低下了头。父亲说：“从现在开始，如果你一天不发脾气，你就从墙壁上撕下一个图标。”

第一天，男孩坚持不住还是发了火。第二天，男孩居然真的没发火。这周内，男孩居然有三天没发火。一个月后，墙壁上的图标都被撕掉了。

那天晚上，父亲又把孩子叫到了墙壁前，对男孩说：“孩子，现在你已经学会了控制自己的脾气，这非常好。你看看，以前你发脾气的图标虽然被你撕下了，但是，图标的痕迹还在。这说明你每次发完脾气之后，不管是给他人还是给自己都将带来不可磨灭的伤害。”

男孩惭愧地笑了笑。从此以后，男孩很少再发脾气了。

由此可见，家长只有让孩子学会控制自己的情绪，孩子才能逐步纠正发火、骂人、说脏话的不良习惯。当然，让孩子学会控制自己的情绪，父母需要帮助孩子找到适当的宣泄方法。如：鼓励孩子把不高兴、不愉快的事件告诉父母或其他人，以缓解心中的不快；教孩子不要轻易流露自己的情绪，激动的时候应该在心中默数“一、二、三”；鼓励孩子自我隔离来达到冷静；培养孩子乐观的性格和幽默感，等等。

(四)让孩子学会控制自己的行为。

在北京举行的国际心理学大会上，澳大利亚专家莫尼卡·屈斯克利博士进行了测试一项儿童自制力的实验。屈斯克利博士在所有参加测试的孩子面前放了两盘巧克力，一盘多一盘少。如果孩子能够忍耐 15 分钟，他就可以吃到多的那盘，反之则只能得到少的那盘。结果，超过 80%的孩子只忍耐了几分钟就按铃呼唤实验人员要求得到巧克力。莫尼卡·屈斯克利博士说，通过这个实验，说明大部分儿童耐不住眼前的诱惑，自制力较弱。

孩子能不能控制自己的行为是非常重要的。一个孩子如果没有自我控制能力，就会盲目行事，很难干好与自己的发展密切相关的事情。例如，一名中学生成绩很好，但由于迷上了电子游戏，便整天泡在电子游戏机室里打电子游戏，一发不可收拾，而耽误了功课，学习成绩每况愈下，最后每门功课不及格，导致被学校开除。

让孩子学会控制自己的行为,父母要帮助孩子建立“可”、“否”的观念,让孩子明确什么是可以做的、什么是不可以做的,事先在脑海中有一个判断是非好坏的标准,按照这个标准,孩子才能认识到自己行为是否正确,才能学会控制自我。

父母不妨通过制定家庭规则来指导家庭成员共同遵守。例如,进别人房间前要先敲门;晚上不能太晚回家;未经家人同意不能在外留宿;下棋、玩游戏要按规则决定胜负;说错话或做错事时要礼貌道歉;看电视时不要干扰别人。即使家长违规也要自觉受罚,让孩子懂得规则的严肃性。当然,父母在制定规则的时候,要跟孩子讲清楚为什么要这样,比如,未经家人同意而在外留宿会让家人担心,这样孩子会比较好接受。

如果孩子不太情愿,父母可在平等的基础上与孩子签订协议,把家长需要达到的教育目标转化为孩子的内在要求和自觉行动,这有利于孩子自我约束意识的形成和自我管理能力的提高,使孩子更好地适应竞争日益激烈的社会。总之,父母在管教孩子的过程当中,要注重把对孩子外在的约束力转化为他们内心的自我控制的能力。

(五)教孩子学会自我保护。

现在社会上乱七八糟的东西很多,一些网站、报纸、杂志、电影、录像、图书等中都有不健康的内容,这些不健康的内容很具有诱惑性,会腐蚀青少年的心灵。父母要经常跟孩子讨论什么内容是健康的,什么内容是有毒害的,以提高孩子的鉴别能力,让孩子自觉抵制不健康的东西。

社会上有一些不法分子专门骗孩子的钱, 诱惑孩子走歪门邪道,甚至拐卖孩子。比如,有的骗子诱惑孩子赌博,有的用讲故事的方法散布封建迷信或淫乱思想,有的向孩子兜售摇头丸、迷幻药等毒品,有的在孩子单独行动时,以认识孩子父母或亲友、带孩子出去玩儿等为由拐骗孩子……家长要给孩子分析这些社会现象,告诉孩子这些坏人、骗子的真实面目,教育孩子在遇到这类事时,一定动脑子想一想,绝不能跟陌生人到任何地方去;如果是认识的人也表示要回家告诉爸爸妈妈,如果有人强制干什么就大声呼救。回家以后要跟家长说清楚,还要跟老师汇报。

另外,父母要告诉孩子,对于陌生人问路或者请求帮助寻找丢失的东西之类的事情应保持警惕,不要轻易相信,这往往是犯罪分子诱骗孩子的策略。让孩子知道任何人包括警察和消防员,在未得

到孩子监护人允许的情况下，都不能将他们带走。因此，对于自称是警察、消防员等人要带人时更要提高警惕。

一般来说，生活中难免会遇到水灾、火灾、地震、触电、溺水、车祸、迷路、遇上坏人等特殊事件，因此，父母从小就应该让孩子知道：着火了怎么办，迷路了怎么办等，让孩子知道火警电话“119”，盗警电话“110”，急救电话120，等等，最重要的是记住父母的手机号码。

三、强化习惯养成让孩子学会自我管理

放手孩子——首先要让孩子意识到丢三忘四，每天找不着“北”是个非常不好的习惯，鼓励孩子从心里自发地想要克服这个缺点。在此前提下，家长要放手，不要越位替孩子做非常具体的事情，而是要鼓励他、要求他并帮助他学会管理自己。这其中主要是家长就孩子生活中常犯的丢三忘四的事帮助他立规矩，并从旁提醒，当然，家长也不要要求孩子一下子就全部改掉丢三忘四、时常丢东西的事，也要允许他犯错误。

（一）适当处罚——允许孩子犯错误，但要让他自己承担丢三忘四的后果，要让他知道丢了东西很麻烦。有些东西不能一丢了就给他买，这样不仅不能帮助孩子改掉丢东西的毛病，还会使他认为什么东西都无所谓。只有当孩子感到东西丢失后很不方便，才可能尽量少丢东西或不丢东西，才会改正丢东西的毛病。

（二）强化训练——爱丢东西，很重要的一个原因就是拿了东西乱放，家长可以有意识地对孩子进行强化训练，训练前最好和孩子讲清楚，这样孩子会配合得更好些。比如在一个时间段里，家长可以要求孩子清洁整理自己的东西，书籍、玩具以及他珍藏的一些小东西，先要求他固定摆位，然后全部打乱顺序、位置，再要求他重新摆放。几次下来，他会从中学到物品摆放有序，东西用后及时放回原位。

（三）习惯养成——这种方法最适合孩子在学习生活上的丢三落四。只要做到两条，一是写备忘录，二是睡前自检就可以了。在此备忘录的首页上，家长可以和孩子一起确定备忘项目，包括每天的红领巾、上课必带书和各种文具等。然后要求孩子把每天的作业和老师要求的各种事项记下来，让他每完成一个项目划掉一项。每晚睡觉前，家长要提醒孩子对照备忘录从作业、书目、

学习用品以及老师所做的其他要求一一自检。久而久之，孩子就会养成习惯，并提高自我管理的能力。那个时候就会很少会再丢三忘四了。

主要参考文献

[1]汪骏等,父母教育习惯决定孩子未来:梳理家庭教育中的关键细节,吉林出版集团有限责任公司,2011 年 9 月 1 日出版

[2]鲁稚,平凡的孩子也有春天,当代中国出版社,2007 年 3 月第 1 版

[3]孙云晓,不是孩子的问题,清华大学出版社,2010 年 6 月 1 日出版

[4]张继合,颜氏家训新解,中国友谊出版公司,2011 年 9 月第 1 版

[5]中华家庭教育网,http://www.zhjtjyw.com/,2012 年 2 月 20 日镜像

[6]百度百科,http://baike.baidu.com,2012 年 2 月 20 日镜像

[7]新浪博客,草原雄鹰,http://blog.sina.com.cn/s/blog_493b8e710100e5ig.html,家长如何培养孩子拥有良好的学习习惯